基于焦点解决模式的理面省教

学会与孩子对话

BRIEF COACHING
with Children and Young People

[英]哈维·拉特纳　丹尼斯·尤素夫 ◎著　吴洪健 ◎译

北京联合出版公司
Beijing United Publishing Co.,Ltd.

序

儿童和青少年阶段是人生很关键的阶段，但对家长和老师而言，却也是一个令人担心与头痛的时期。协助与陪伴孩子度过这个阶段是很有意义的工作，也颇具挑战性。当年之所以大力投入 SFBC（Solution Focused Brief Coaching）的推广，就是因为它非常适合儿童和青少年辅导工作。

SFBC 常常能打破儿童和青少年设定的屏障，与他们快速建立起互动关系。同时 SFBC 强调重视个人目标的概念，符合儿童和青少年期待被尊重、被理解的人生阶段。而辅导过程中，探讨过去成功经验并大力赞美他们，更能让儿童和青少年充满自信，甚至带动他们多方面的改变。接触 SFBC 后，我常常询问自己：用什么样的方法协助儿童和青少年去学习和感悟，才能更有利于他们的成长呢？

《学会与孩子对话》是一本运用 SFBC 来辅导儿童和青少年的好书。作者哈维·拉特纳（Harvey Ratner）、丹尼斯·尤素夫（Denise Yusuf）所属的 BRIEF，是 SFBC 在英国相当重要的代表与推广单位。而本书也正是两位作者从事多年 SFBC 训练与实务工作经验后的可贵结晶。

在看到这本书时，我心里十分开心。我发现自己在华人地区协助儿童和青少年与其家庭、学校解决问题中获得的实践经验与多年的心得，竟与他们如此相似！发现知音，自然喜不自胜。

在本书中，作者不仅介绍了 SFBC 许多重要的概念与技巧，也加入了很多生动的案例与会谈对话来解释说明。更难得的是，作者将他们与孩子互动的丰富经验也详细描述出来了，还把应用于个别谈话、家庭会谈与团体辅导的经验分别说明。其中包含常见议题、使用语、变化活动与媒材、法律与安全、家庭与学校生态系统合作等非常多的方面。所以，在阅读这本书的过程中，你会觉得书中所举的诸多例子及其注意事项，都非常贴近儿童和青少年的现况与需求，或是很符合辅导儿童和青少年工作中常遇到的困难与挑战。因此，对从事辅导儿童和青少年的相关人员来说，本书可以是枕边的教战手册。

SFBC 是一个很容易理解、学习的辅导模式。其共通的原则可以运用在不同的服务对象上，当然也可以抽取部分技巧应用于生活中的不同角色之中，比如老师、志愿者、心理治疗师。众所周知，SFBC 其实是一个知易行难、不易熟练的心理咨询取向。除了需要多年的练习与使用之外，最难的一点是使用 SFBC 的助人工作者是否能全然信任与传统助人模式大相径庭的 SFBC，是否真的会完整地执行 SFBC 的每一个原则与技术？在这个过程中，有很多人（包括我在内）或许会需要挣扎很久。如何在挣扎中突破重围呢？正是你眼前处理过的个案。个案中的孩子，他们珍贵的变化与成长在告诉着你，你所做的是多么有意义的工作，从而让你能充满力量，愿意继续扮演着孩子们生命中具有指导意义的导师形象。

台湾师范大学教育心理与辅导系教授

许维素

2018．2

前　言

丹尼斯是一名社会福利工作者，她在BRIEF获得了焦点解决实践的文凭，同时还是生活教练学院（Life Coaching Institute）的注册教练，以及教练协会（Association for Coaching）官方认可的教练。她现在是一名自由职业者，在学校、志愿组织和私人诊所从事教练工作。哈维也是一名社会福利工作者。他以前在一家隶属英国国家医疗服务体系（NHS）的家庭治疗诊所里工作，然后和伊万·乔治（Evan George）、克里斯·艾弗森（Chris Iveson）共同创立了BRIEF。BRIEF擅长运用和教授焦点解决模式（焦点解决课程和更多的信息详见BRIEF官网：www.brief.org.uk）。现在，BRIEF和Routledge出版社合作出版了《高效教练：焦点解决模式》（*Brief Coaching: A Solution Focused Approach*）。

我们希望这本书越实用越好，为了达到这个目标，我们在这本书里加入了大量的自己处理过的真实案例（经过了来访者的同意，并尽量使用真实内容）。我们相信，亲眼见证整个案例，或者至少阅读到真实的案例记录，是帮助人们有效学习一种全新教练模式的最佳途径。我们对案例报告进行了一定的修改，以确保来访者的个人信息不会被泄露。

因为我们主要接待的受众群不同，所以本书在各个章节中引用的案例来自于不同的教练。我们先将各自负责的章节列出，以便省去每个章节都要说明教练是谁，从而可以在文中使用"我"来自称。我们的具体分工如下：

第 1 章：面对困境，你找到正确的方法了吗？（哈维·拉特纳）

第 2 章：如何有效地与孩子对话？（丹尼斯·尤素夫）

第 3 章：给步入青春期的孩子多一点耐心（哈维·拉特纳）

第 4 章：简单又复杂的亲子关系（哈维·拉特纳）

第 5 章：参加团体活动对孩子的益处（哈维·拉特纳）

第 6 章：学校生活对孩子的重要性（丹尼斯·尤素夫）

第 7 章：如何应对多变的社会环境？（丹尼斯·尤素夫）

第 8 章：借助材料更好地与孩子沟通（丹尼斯·尤素夫）

教练技术是一个尚在成长的领域。本书开创了先河，第一次详细介绍了如何在儿童和青少年群体里使用 SFBC 模式。我们的目标受众是所有和孩子打交道的人，并且不论他们的能力怎样。本书每个章节相对都比较独立，你可以选择从头到尾按顺序阅读，也可以直接翻到感兴趣的章节开始阅读。不过，我们强烈推荐你从第 1 章开始阅读！因为我们在第 1 章里回顾了 SFBC 的相关理论和技巧，其中包括共情这种通用的辅导技巧。

我们要记住 SFBC 是一个独立的教练模式，不能将它和一般的关注结局的模式混为一谈。虽然所有的教练都会强调这一点（毕竟没有教练会说他们不是在努力让来访者的问题得到解决），但是 SFBC 确实可以帮助来访者发现自己真正想要过的生活，并找到实现它们的方法。

这本书的内容，不仅来自于我们两个人的工作实践，也有我们在 BRIEF 的同事——伊万·乔治和克里斯·艾弗森的宝贵实践经验。

目 录

序 / 1
前 言 / 1

第 1 章 面对困境，你找到正确的方法了吗？
孩子离心中的未来还有多远？ / 4
焦点解决模式：从会谈开始帮孩子走出困境 / 8
听起来不切实际的目标还有成功的可能吗？ / 11
引导孩子描述期待的未来 / 14
时刻提醒孩子保持最佳状态 / 15
他人视角 / 16
从感受出发，挖掘内心真实的想法 / 19
帮助孩子了解自身能力，学会自主思考 / 23

陷入瓶颈时不要慌，办法总比问题多 / 26

你有及时察觉这些安全隐患吗？/ 32

总结 / 35

第 2 章　如何有效地与孩子对话？

SFBC 是如何与孩子进行沟通的？/ 39

针对孩子的特性制定教练内容 / 42

和孩子打交道的小窍门 / 49

孩子心中也有憧憬着的美好未来 / 56

量表式问题：让孩子打开话匣子 / 58

不同的语言会产生不同的魔法 / 61

与孩子交流时不可忽视的细节 / 63

案例分析 / 69

总结 / 74

第 3 章　给步入青春期的孩子多一点耐心

孩子其实很在意别人的看法 / 79

多给孩子一些时间和空间 / 83

细微的改变也是孩子在努力的证明 / 90

当局面无法得到改善时及时求助 / 93

如何引导失去亲人的孩子走出阴霾？/ 100

学会认真聆听孩子们的观点 / 101

第 4 章　简单又复杂的亲子关系
父母和孩子之间的影响是相互的 / 104

有时候父母也需要做出改变 / 108

试着和孩子一起改变 / 110

总结 / 111

第 5 章　参加团体活动对孩子的益处
开展团体活动的注意事项 / 114

团体活动模式不能一成不变 / 117

重要的不是结果而是改变过程 / 119

有趣的活动形式才能吸引孩子们的注意力 / 131

实用的量表式问题 / 135

团体活动的结束环节 /136

团体活动面临的挑战 / 139

第 6 章　学校生活对孩子的重要性
外聘教练应如何帮助孩子？ / 146

SFBC 会谈技巧 / 157

学会等待，改变的过程是漫长的 / 163

关注孩子在课堂上的表现 / 170

SFBC 也适用于教职工 / 172

案例分析 / 174

第 7 章　如何应对多变的社会环境？

　　适用于的不同场合 / 180

　　案例分析 / 188

第 8 章　借助材料更好地与孩子沟通

　　材料如何使用最有效？／ 195

　　不同类型的材料 / 197

参考文献 / 219

第1章

面对困境,你找到正确的方法了吗?

SFBC是一种聚焦于来访者的改变的教练模式，它帮助来访者在最短的时间内自己找到解决问题的方法。这种辅导模式的主要目的是让来访者发现他们想要的未来，并以他们之前成功的经历为基础，去发掘自己身上能实现这个目标的优势和技能。

焦点解决模式开始于美国威斯康星州密尔沃基市（Milwaukee）。史蒂夫·德·沙泽尔（Steve de Shazer）和茵素·金·柏格（Insoo Kim Berg）夫妇于1977年在该地区创办了短期家庭治疗中心（Brief Family Therapy Center），他们组建了一个由心理治疗师和研究人员组成的创新团队，他们尝试了许多技术，并获得不少体会。到二十世纪八十年代中期，他们已经为一种全新的教练模式奠定了有力的基础，他们称这种模式为SFBC。

密尔沃基团队有三个令人瞩目的发现：第一，他们发现让来访者自己描述问题解决之后他们的未来生活会是怎样的情景，能在很大程度上给予来访者前进的动力。这样的提问可以帮助来访者描绘出自己想要的未来蓝图。这项技术被称为奇迹提问（miracle question）：

·假设有天晚上在你睡觉的时候，突然发生了奇迹，你的问题得到了解决。你是怎么判定这个问题已经得到解决了？哪些地方发生了改变？如果你没有告诉你丈夫，他是怎么看出你的问题已经解决了？

沙泽尔说:"我们发现快速地展望未来能非常有效地帮助来访者明确目标。"因此焦点解决模式在早期会谈里的工作重心就是确定目标。

沙泽尔还说:"提问时可以把'问题'和'解决策略'区分开来。因为我们发现,找到某件事的解决方法并不一定需要去挖掘问题本身或者是发生问题后自怨自艾。"

第二,他们这个发现在今天看来是显而易见的,但在当时很具有开创性。这个发现告诉我们每个问题都有例外,在来访者提到的问题中,有些问题并不是那么严重或者是问题根本就不存在。有一个团队成员谈到他们当初是怎么发现这一点的:"有一天有人说让我们问问来访者们不想改变的是什么地方,然后我们惊讶地发现,当我们询问来访者某些跟问题无关的事而不是聚焦问题本身时,反而更有利于他们改善或解决问题。"这种干预方式能有效推动来访者自发地行动起来,因为这来源于他们自身已经拥有的优势和技能。因此,我们既不需要劝阻来访者做任何事情,也不用逼迫他们去尝试新的事物。

焦点解决模式关注来访者的未来和他们过去的成功经历,然后顺理成章地引出了第三个发现——发展和使用评定量表。教练让来访者就自己当前的目标达成程度做出评分。有些从业者使用0~10分的评分法,也有一些人使用1~10分的评分法。本书的两位作者就分别使用了这两种评分法。

·假设10分代表"你所有的问题都已经得到了解决",而0分代表"最糟糕的时候",你觉得自己现在处在哪个位置?为什么呢?

来访者的回答给接下来的对话提供了两种可能性:一种是探讨来访者自己做过什么(特别的事),以至于给出了这个评分;另一种是讨论接下来需要做哪些事去实现目标。

这种简单而实用的模式不探求问题本身而是展望未来,并挖掘特例事件和过去的成功经历,是建立焦点解决模式后续发展的基石。

孩子离心中的未来还有多远?

1990年,BRIEF的成员出版了英国第一本介绍焦点解决模式的书。这本书和密尔沃基团队创建的焦点解决模式密切相关,作者在将近10年之后发行了第二个版本,第二版里描述了很多这种模式发展过程中做出的重要改变。其中最主要的改变是不再像以前会谈开始时一样,询问来访者"你今天是为了什么而来?"而是很自然地引出奇迹提问:"假设奇迹发生了,你的这些问题都得到了解决……"然后教练会询问来访者有关"最大期待"的问题:

·你来这里的最大期待是什么?

或者是：

- 你怎么知道来这里会对你有所帮助？

我们可以认为这些问题是教练和来访者签订了一个契约。教练引导来访者尽可能远离问题本身，然后朝着他们的目标迈进。这样能让他们的思维聚焦于"期待的未来"，直到实现他们所期待的目标。这个契约的内容比较模糊和宽泛，能让来访者感到未来充满各种可能性。沙泽尔曾经很有预见性地指出了这一点，他认为制订具体的目标"会约束和限制来访者改变的各种可能性，限制他们创造或发现其他能够满足他们的东西，比如超出他们对奇迹发生后第二天早晨的想法时所想象或期望的东西，或者更多"。我们认为，教练需要时刻将简短、笼统的契约（比如"我的生活重回正轨"）和具体、详细的理想中未来的生活场景（比如"如果这件事发生了，你明天会做什么？"）联系在一起。

在接下来的几年中，BRIEF 的成员一直在探寻这种全新教练模式的各种衍生模式的可能性，并出版了两本书。在书中，他们详细阐述了当前的教练模式，并重点介绍了 SFBC。

"实现你想要的未来"和"解决你当下的问题"是两种截然不同的观念。

从严格意义上讲，来访者把实现期待的未来认为是一种能解决当下问题的想法是错误的。确切地说，他们所期待的未来是不同于现状的一种全新的生活方式。当人们处在这种全新的生活方式里，那么当前的问题就显得无足轻重了。所以当来访者过上这种全新的生活时，他们之前的问题就自然得到了解决。这样即使教练没有直接干预，来访者也顺利地解决了问题。我们之所以非常关注契约的制定，是因为契约可以使会谈不偏离正轨，也可以让我们更多地关注来访者关于未来的"积极"想法。

因此，教练会使用奇迹提问或是使用明日提问（tomorrow question）来询问来访者。

·假设今晚你会实现你最期待的愿望，那么明天你会做些什么？

这个转变也让焦点解决技巧中使用的一些术语发生了改变。比如，如果用"一般来说"这个词就会让人觉得还有问题存在，因此有了一个新的术语——"举……为例"。这个新的术语可以让来访者看到他们所期待的未来正在发生的一些迹象。

·你说了一些自己将来想要做的事情，哪些是已经开始在做的，哪怕只是很小的一部分？

另一个方面是开始注重来访者在生活中看到的一些标志和迹象。

比如，我们不会问来访者怎么做才能在评定量表上提高一分。相反，我们会问他们提高一分的标志和迹象是什么？这样提问的好处在于，来访者会自己主动去探索怎样才能更进一步，做什么事会让自己发生改变。

· 哪些事情或者什么迹象使你在评定量表上提高了一分？你当时的行为与平时有哪些不同呢？
· 你希望在这个评定量表上得到多少分？你觉得多高的分值代表"足够好"？

我们会在本书之后的章节里详细介绍其他已经被证实有效的技术。在这里我们还要特别提到一项技术：确认性提问（identity question）。我们通常会在来访者谈到他们向前迈进了一步（无论是多么微不足道）之后，询问来访者：

· 你为做到这一步付出了什么？
· 这说明了你是怎样的人？
· 这是否向他人展示了你的技艺和品德？

儿童和青少年时刻处于变化和发展之中，他们的自我评价也在不断发生改变。这与他们的自我定位和目标有关，即"他们是怎样的人""将来想成为怎样的人"。这些思考对他们来说很有启发性。

焦点解决模式：从会谈开始帮孩子走出困境

结束会谈

早期的密尔沃基团队非常强调如何结束一次会谈。首先，教练会休息片刻，想一想给来访者怎样的反馈。然后，他们会在来访者提到的任何积极的事情上对来访者提出表扬。最后，他们会建议来访者在下次会谈前完成一项家庭作业。密尔沃基团队出版的书中举例列出了很多不同的任务，从最简单的任务来说，比如让来访者寻找他们进步的标志（包括他们在发展评定量表上的得分提高了）。再到一些复杂的任务，比如让来访者"表演一下奇迹发生之后的反应"，或是在前一天晚上预测第二天是好日子还是坏日子（这里关注的不是他们预测的准确性，而是从他们的预测中可以发现什么）。

通常，我们给来访者的反馈越简单越好，因为我们工作的重点还是会谈的过程和内容。有时候我们也会只询问来访者下次是否继续，除此之外不会再给出其他评论。有时在会谈结束时我们会简单概括一下从来访者身上得到了什么信息，表扬一下他们做出的努力和取得的成绩，然后再给出唯一一项"任务"——建议他们去寻找自己进步的标志。

初次会谈的各个阶段

开始。资源会谈（resource talk）（即不谈论问题的会谈），把来访者看作是单纯的个体而不是一个行走的问题。这一步在任何情况下都能进行。

契约。来访者最希望从会谈中获得什么？

描述想要的未来。用奇迹提问或是明日提问技术来探索来访者期待的未来，这时候描述的内容是基于来访者已经实现了他们所期待的目标。

确认已经发生的成功事例。直接询问来访者已经成功完成的事情，即使这件事很小。使用评定量表来评估他们取得的进步，并进一步探索他们是怎么取得进步，怎么获得量表上的这个得分的。

寻找进步的小标志。比如，来访者怎么知道他们在评定量表上提高了一分？我们认为这一步是随时可以做的。有时候，一旦来访者知道他们已经完成了什么事情，就能推动他们自己去发现接下来要做什么事情。

结束。教练简单概括一下来访者的期待和取得的成绩。这一步由教练自行选择是否去做。

后续会谈

如果初次会谈已经充分挖掘出来访者心中的期望，那么教练接下来的主要工作就是后续的跟进。不过，教练要记得询问来访者所有已经发生的改变，而不仅仅只是询问初次会谈中确定目标。再次提起之前确定的目标可能不会达到我们预期的效果（除非来访者自己主动提到他们在初次会谈确定的目标上取得了进步，这是时常发生的），这意味着教练需要时常去向来访者核查："你是否做了 X、Y 或 Z？"这也会导致我们可能忽略在来访者身上发生的其他方面的改变，而这些被忽略的改变在今后有可能会变得至关重要。

我们并不清楚来访者在生活中做出的哪些改变能对他们造成很大的影响，所以解决方案往往源自他们日常生活中的点点滴滴。

与初次会谈一开始就问到和未来有关的问题不同，后续会谈时教练会关注来访者过去的经历，并询问他们："你觉得有哪些地方变得更好了？"接着，开始探寻从上次会谈起，来访者做了什么让情况得到了改善。随后，教练会再次关注未来，问问来访者哪些是进一步发展的标志。

- 我们上次见面之后，你感觉有哪些地方变得更好了？
- 你做了什么事情让自己感到很满意？
- 你做了什么事情让别人感到很满意？
- 你的这些改变对别人产生了什么影响？
- 你目前在评定量表上能打多少分？你是怎么做到的？
- 哪些变化能让你在评定量表上提高一分？

第1章 面对困境，你找到正确的方法了吗？

一旦来访者认为他们已经实现了最初设定的目标，我们的工作也就完成了。大多数情况下，来访者认为在评定量表上得到自己认为"足够好"的分数就可以了，并不一定需要达到满分。

在遭遇挫折时，教练会询问来访者他们是怎么让自己继续前行的：

・我们都知道这些事情非常棘手，当时你是怎么处理的？你做的哪些事情给别人留下了深刻的印象？

・你怎么知道自己重新回到了正轨？

教练不需要重新和来访者订下契约或是回溯他们期待的未来。但是，如果上次会谈之后来访者经历了一些非常极端的事情（比如失去亲人、被学校开除，或被地方政府的看护中心收留等）导致来访者的生活发生了翻天覆地的改变，那就有必要重新询问他们目前最期待的事情是什么。

听起来不切实际的目标还有成功的可能吗？

读者可能已经注意到了，本书从头至尾都强调，教练正确了解来访者的"最大期待"这一点至关重要。如果教练能正确了解到来访者的最大期待，那么接下来的工作就会更加顺畅（虽然不一定容易）。本书会讲到很多具体的个案，读者会发现原来来访者可以和教练达成各种类型的"契约"，而且不同情境也会影响到我们对结果和目标的选择。举个例子：一位青少年告诉教练，说他希望可以找到有效的方法来控制自己的情绪。从教练的角度来看，这是建立契约的基础，但并不是契约本身。因为它的问题是有导向性的：控制情绪其实是达到其他目标的一种手段，而教练需要了解来访者心中的其他目标是什么。因此，教练会追问："如果你能成功控制自己的情绪，你的生活会发生怎样的改变？"一旦这位青少年给出了一个确切的回答，契约就此成立。比如青少年回答：这样我的生活会变得更开心，和别人的关系也能变得更好。以这项契约为基础，接下来教练会和青少年一起详细讨论一旦他变得更开心了，对未来会有怎样的期待呢？综上所述，焦点解决模式需要去探索能成功控制自身的情绪后会如何改变他的生活和人际关系，然后去发现他已经采用了哪些手段，而不是去寻找控制情绪的方式，因为这样做只是关注到了问题本身。当我们专注于未来的期待，寻找控制情绪的有效方式可能只是实现其他目标途中的副产物。

　　如果青少年给出的最大期待是难以实现或者完全不切实际的，怎么办？比如他说想换个新的住所，而教练对此无法提供帮助怎么办呢？一种方式是告知他这些不属于教练的职责范围，然后"介绍"青少年去其他机构。也就是说，教练认为他们和来访者的目标并不一致。但这样，教练很可能就错过了一个很好的（干预）机会。而这位青少年会觉得自己被抛弃了，也不会继续去其他的机构。

另一种方式是像之前说的那样，将换新住所这个目标看成是达成最终目标的一种手段，并询问青少年一旦换了新的住所，他们生活会发生怎样的改变。教练可能会担心，提出这样的问题会让在争取安置住房的来访者陷入不切实际的幻想中。不过，我们建议教练先把这种担忧放在一边，继续去探寻换新住所会给来访者的生活带来的改变。假设通过上面的讨论，我们发现孩子希望自己能过得比以前开心，远离目前居住的地方遇到的一些困难，能够去上学（或工作）并且好好表现，成为更好的自己。这就标志着会谈产生了良好的效果，这时教练会引导来访者继续思考换新住所之后的结果。如果教练担心这个孩子会对争取到安置房子这件事深信不疑而被误导的话，就有必要及时提醒他。

这种方法能让孩子发现生活中真正想要的东西，而不是贸然地结束教练过程。约翰·沙利（John Sharry）给出了一个很好的例子：当孩子说想要父母重新在一起的时候，他区分并比较了教练可能给出的两种回答。一种情况是教练可能会说"这或许没法做到。你知道的，你的父母已经分开了"，并要孩子换一个愿望。这种做法毫无疑问会让孩子觉得自己不被理睬，他会回答说"我不知道"然后将目光看向别处。而另一种情况是教练承认孩子最初的愿望，并询问他们如果父母重归于好了，哪些地方会变得不一样。这时候孩子就会提到："每个人都会更开心，可以和父亲有更多的时间相处。"

然后教练会用这些说法来总结概括并制订契约，孩子会表示认可，并给出回答："对，就是这样。"

引导孩子描述期待的未来

焦点解决教练和问题导向会谈寻求的答案性质是不同的。在问题导向会谈里，教练会询问来访者某些特定的问题来获得一些具体的答案，然后会根据获取的信息来确定对孩子来说最有效的解决方式。而在SFBC中，教练认为这些信息只对来访者自己有效，我们提出问题的目的是让孩子能够听到自己对问题的回答。

当孩子能够自己详细描述他们想要的未来生活，以及他们生活中已经出现的期待的某些标志时（重要的不是信息本身，而是描述的过程），教练会更有信心抽身出来，等待孩子自己做出改变。读者会发现，本书的特点是强调教练发现一些有用的问题，以使来访者尽可能清楚详尽地描述出他们的未来（或已经发生的改变）的模样。总的来说，教练可以选择"放大"，便于详细了解一个情境；也可以选择"缩小"，便于看清整件事发生的概况。教练喜欢询问事情、地点、时间、方式等开放性的问题（也就是不能简单地用"是"或"否"来回答的问题），也会时刻确保每个问题都紧随着来访者上一个问题的答案，这样就能保证关注的焦点集中在关键信息上。我们经常会遇到来访者重提之前的问题，说他们不会做或没做过什么。

这时教练可以问以下的问题：

- 你将会做什么？其他人会看到你的哪些行为？
- 那时你做了什么？其他人看到的那时的你在做什么？

然后，教练会深入挖掘来访者对这些问题的回答，并追问焦点解决模式中最常见的一个问题："还有什么？"

焦点解决教练会把来访者解决问题的具体情境和这一问题得到解决对来访者人生的影响结合起来。比如，一位孩子在为学校里一个棘手的会议而担心，他会非常在意如何处理好这个问题，那么对他来说密切相关的问题是"你怎么知道自己在会上表现得最好？"或"你怎么知道自己做到了最好？"然后，焦点解决教练会将目标从当前的情境延伸到这个孩子的"人生"。比如，"假设你在会上表现最好，会对你的人生起到什么作用？会对你和你的父母产生怎样的影响？"这些问题可以让孩子既从狭义的方面（在会上表现最好），也可以从广义的方面（对人生的影响）来去思考。

时刻提醒孩子保持最佳状态

有些教练模式强调在会谈结束阶段要制订一个行动计划，包括列出事件清单、明确目标、预计事情完成的时间和地点。但在当前的焦点解决实践中，我们提倡尽可能地避免行动计划，除非是来访者自己的要求。因为我们担心具体的行动计划会给孩子带来压力，让他们觉得面对的只有成功和失败两个结果。如果有一部分孩子自己能给出一套切实可行的办法帮助他们实现定下的目标，即便后期出现偏差，他们也有能力控制。那我们认为行动计划对这部分孩子来说是可行的。

　　教练的工作就是配合来访者，帮助他们做出改变，并提出一些问题，由此表达他们对来访者的充分信任和信心。因此，如果教练听到孩子说"我要早起"，他们不会立刻问："你打算怎么做到呢？"而是会问："那你的哪些改变会被其他人注意到？"后续会谈可以询问来访者实际发生的改变，看看这些改变和他们之前的期待是否相同。如果孩子们说他们要早起，而在后续会谈中说没办法做到，我们就要重新思考接下来的工作方向。首先核实这个目标对来访者来说是否重要，然后讨论现在做什么能帮助他们继续前进。这个阶段问的问题可以是"你打算怎样做到早起？"，也可以是其他方面的问题。

他人视角

　　他人视角这一问题源于家庭治疗（SFBC 的起源之一），是指教练询问来访者其他人将会注意到他做了什么，而来访者的回答则是他们取得进步的标志。

- 明天谁会第一个发现你处在最佳状态？他们会看到你正在做什么？

这类问题给孩子的自我认知提供了一个全新的视角，还可能会延伸到另一个视角：有了这些变化后会怎样影响其他人，会怎样改变和他人之间的关系。这些视角给会谈融入了人际互动的成分，能极大地帮助孩子思考这些改变对他们的家庭、社会关系和其他人的生活带来怎样的影响。

- 你妈妈会不会很高兴看到你早起？你是怎么知道她会高兴的？这会对你产生怎样的影响？这会如何影响你们之间的关系？你姐姐/妹妹会发现你有什么不一样？这会怎样影响到她们？

如果事情没有改变

如果有个孩子说他知道明天会变得更好，因为他相信"雨过总会天晴"。那么教练首先会承认他所说的，然后会问他："这能给你带来什么好处呢？会使你的行为做出哪些改变呢？"这时候孩子就会开始形容他的最佳状态，而这就足以激励他去做出改变。但是，教练也需要提问："如果你明天醒来发现自己已经处于最佳状态了，但是没有变得更好,你会怎么证明自己还是处于一个最佳状态呢?"

孩子常常会去指责他人的行为。比如,有一个孩子说如果我的兄弟姐妹对我好一点,不对我大喊大叫,我想我这一天能有一个良好的开始。这时候教练除了需要询问这会给他带来的影响之外,也要考虑到他的需求可能无法实现的情况。

教练就会问这个孩子:"如果这件事没有发生,但是你发现自己比以前高兴了一点,还有什么事情会让你觉得这一天过得还不错吗?"孩子可能还会说如果某门课不那么"无聊",那么他在学校的生活就会变得更加美好。教练就会接着问他:"如果这门课变得更有趣了,什么会变得不一样?那时你会做些什么?老师会看到你的哪些改变呢?"孩子说这样他就不会在课堂上大声喧哗、打闹而干扰到其他同学,自己也会继续听课。这时教练会问他:"如果别人开始扰乱课堂纪律还喊你一起,你会怎么做?"孩子说他会选择无视他们。这时教练问他:"如果明天你表现得很好,而有一门课非常无聊,你觉得怎样做会让自己觉得很满意?"他说他会继续听课,并不和经常一起打闹的朋友坐在一起。虽然他知道自己很难坚持上一个小时的课不打闹,但是他表示会尽量控制自己,时间越长越好。并且尽可能地保持安静,当老师要求不要说话的时候也会立刻停止说话。我问他做到这一点对他来说意味着什么,他说这意味着自己变得"成熟"了。当然,这个回答会引导我继续开始询问他变得成熟之后又会产生什么样的变化,其他人会怎么看他,会给他的朋友们带来怎样的影响之类的问题。

一些教练模式，比如成长模式（GROW model）鼓励教练和来访者一起探索改变中存在的"障碍"。"什么阻止了他发挥潜能？"这个问题听上去颇具魅力，让很多教练无法抗拒。有些来访者也会问自己类似的问题："为什么我不能这么做？是什么阻止了我？"有一种说法是教练的本质在于不仅关注问题的症状，也关注它的成因。但焦点解决模式认为教练既不需要关注症状，也不需要在意它的成因，而且要尽可能地避免去寻找存在的障碍。在上述的例子里，我们只需要知道当孩子提到的改变不是他们自发的，而是通过外部（比如某些人、天气、无聊的课程，或是他们支持的队伍赢了比赛）的时候，可以询问他们如果事情没有发生，他们会如何做才能让自己继续保持最佳状态。

从感受出发，挖掘内心真实的想法

一位焦点解决模式的作者建议说服来访者谈一谈自己的问题，而"问题解决谈话"可以帮助他们找到解决问题的方法。语言具有强大的力量，人们说的话能极大程度地影响自己的行为，这也是焦点解决模式的明确依据。

这种观点和哲学上的社会建构主义有关。简单来说，这种观点强调人们通过语言来进行"自我建构"，而他们使用的语言本身是由社会和文化构成的。很多孩子承受了来自成年人世界的巨大压力以及周围人对他们的殷切期许,这些给他们带来了很多问题,而他们认为这些问题和自己无关,因此"只靠谈话"是没办法解决的。当然,教练有时候不得不承认一些客观的现实,比如无家可归、上学的义务、学校或工作单位的规章制度等,这些都没办通过谈话的方式来改变。但是焦点解决教练会尽可能地通过谈话来突出孩子自身拥有的优势和技能,使他们能够做出改变(无论多么细微),让自己的生活变得更美好。这种方式聚焦于希望和成功,让孩子能用另一种方式来看待自己面对的困难并做出自我评价,从而真正做出出人意料的转变。

另一个相关的例子是关于与孩子交谈中不可避免的一个问题:我们怎么探索"脱口而出的回答"之外的内容?有一些回答听起来千篇一律,比如"我要早睡,这样才能保证充足的睡眠时间。我要早起,这样我上学就不会迟到了"。这时可以问一个很有用的问题:"这对你来说有什么好处?"或是"这会带来怎样的改变?"这个问题可以帮助来访者把注意力从行为层面("早睡")转移到它的意义层面("好好学习对我来说非常重要,我想让父母感到高兴,也想说明我不是笨蛋")。这样,我们的关注点就从所有孩子都适用的层面转向了来访者的个人层面。

关于"会谈",有一点我们要注意。焦点解决模式对语言和文字的重视,容易让人们认为它不在乎个人感觉,也不允许来访者表达情感。而在社会建构主义看来，感觉也是语言的一部分，感觉、信念和行为三者密不可分。因此，只靠感觉是不能激发人的行为的。虽然人们常常说来访者的行为源于"强烈的情感"，而他们只需要表达或"解决"这个问题就行了。但这并不意味着教练不会询问孩子的感觉，只是说教练的关注点在于他们未来希望拥有的"更好的"感受，以及它基于这种"更好的"感受上的外在表现（行为）。这一点也经常被人误解，认为焦点解决模式只关注积极的方面。

不是只关注积极的方面

人们经常错误地认为焦点解决模式只关注积极的方面，而完全忽视来访者存在的问题。比如，一个孩子因为朋友对他的恶劣态度而感到很沮丧。通常情况下教练会先给予共情，然后会问："如果他们对你不好，你有什么感觉？"得到回答后教练会向来访者表达他们对这些感受的理解。如果在另一种极端的情况下，教练完全无视来访者述说的痛苦经历，而回应说："告诉我，你什么时候不感到沮丧"，这种情况才说明焦点解决模式只关注积极的方面而无视痛苦。但这不是焦点解决模式的做法，所有优秀的教练都谨记着比尔·奥汉隆（Bill O'Hanlon）的建议：要一边承认来访者的感觉，一边寻找改变状况的可能性。这意味着教练在做其他事情之前，都会先承认来访者的痛苦。虽然他们不会询问和痛苦有关的问题，但是他们也不会选择无视它。相反，他们会先承认这件事的确非常困难，然后询问来访者一些典型的焦点解决问题。这一步在不同情境下会有一些差异，详情请见下面的例子：

·我能想象当他们跟你说这些的时候，你心里一定很不好受，我想知道你当时是怎样应对的。

·显然，这件事发生的时候你一定感到很痛苦。我想知道你对这些人未来的生活有什么看法。

·我很理解，你很生他们的气，甚至恨不得揍他们一顿。当时你是怎样控制住自己的？

·即使你感到很生气，也设法不打他们，这让你觉得自己是个怎样的人？

·我能理解你，你非常生气，并揍了他们一顿。现在你在考虑以后应该怎样做。如果你在这周控制住了想再揍他们一顿的冲动，这说明了什么？

·我知道你割伤了自己并对此感到不安。你想不想在以后情绪很激动的时候有其他的方式来缓解？

·你有两个想法，一个是"管他呢，我又不上大学"，另一个是"上大学对我的未来有帮助"。当你认为上大学是件好事的时候，你脑子里想的是什么？

帮助孩子了解自身能力，学会自主思考

SFBC 是一个独立的模式。它不需要和其他模式共同使用，也不能和它们混合使用。焦点解决取向和问题解决取向的会谈有着截然不同的性质。比如，问题解决取向要求教练要先了解来访者的问题，根据不同类型的问题采用不同的技术；或教练认为来访者需要先陈述自己的故事，然后才能去解决他们的问题。

焦点解决教练也许会先探索孩子的过去，去发现他们遇到的各种问题。然后，他们可能会开始问一些焦点解决取向的问题，比如"一旦问题解决了，这个孩子的生活可能会发生怎样的改变"。其实从这里开始，教练就从一个取向转移到了另一个取向，很多时候来访者自己都没有发现这个转变。

在一般典型的教练过程中，教练通常会在会谈的结束阶段制订一个行动计划，让来访者在下次会谈之前按照这个计划来行动。我们并不认为这样做是"错误的"（事实上，有些读者会在关于焦点解决实操的其他书里，看到有些作者认为这是焦点解决模式的一个有效甚至必要的组成部分）。我们认为需要做的计划越少越好，这也符合焦点解决模式的传统。

我们对是否要教孩子使用解决问题的方式这一点也抱有相似的态度。比如，有些教练可能会说，他们可以教孩子们学会保持冷静，或是在会议、课堂和其他地方缓解压力的方式，又或者教他们一些

控制愤怒的方法。这种教授技巧的取向和焦点解决取向不同，后者致力于确保孩子能了解自身拥有的能力。即使孩子们向我们征求意见，我们也通常不愿意直接给出建议。因为我们认为，和从我们嘴里说出的建议相比，他们更容易按照自己得出的结论去行动。那么焦点解决模式是否也能给来访者提供建议？曾经有位学校老师问我们："你们问了这么多问题！直接告诉他们要做什么不是更简单？"可是，我们发现询问孩子，帮助他们自己思考得出的主意要比直接给一个他们从没听说过的主意更有效。不过，如果我们真的认为自己的建议确实可以帮助到这位孩子（这种情况很少发生），我们也可以跟他分享这个建议。茵素·金·柏格在一次报告中说，她会对来访者说"你可能以前就听说过了，但是我在想，如果你做……可能会有效"，这是在用一种尽可能礼貌的方式给来访者提供建议。

　　教练与SFBC保持密切联系的程度取决于他们的工作环境和来访者对他们的期望。在这本书中，有几章专门讨论如何在对孩子进行辅导的环境中应用SFBC，比如在学校。还有一些焦点解决模式的书描述了SFBC在其他群体或机构中的应用。比如在英国，约翰·亨顿（John Henden）写的是如何预防自杀，弗雷德里克·雅各布（Fredericke Jacob）写的是进食障碍，凯基·彭斯（Kidge Burns）、拉亚·盖尔（Rayya Ghul）和同事们、阿拉斯戴尔·麦当劳（Alasdair Macdonald）写的是SFBC在医疗机构中的应用。

第 1 章　面对困境，你找到正确的方法了吗？

不同的媒介

在很多地方都可以给孩子提供焦点解决教练服务，包括学校、青年俱乐部、青少年犯罪工作小组、户外培训中心，等等。第 7 章里还举例说明了这种模式怎样应用于不同的志愿服务机构。在和孩子们打交道的时候，我们还需要注意工作的形式和沟通的媒介，因为现在的孩子从小就接触各种各样的电子产品。虽然我们在这本书里关注的是面对面的交谈，但我们也相信，SFBC 也适用于其他的交流模式，比如电子邮件、电话和社交软件。有些孩子出于自身原因，不愿意参与正式的面谈，但很乐意通过手机参与会谈。会谈的方式主要还是根据来访者的选择，如果他们更愿意通过社交软件聊天的方式进行会谈，教练也要配合。除非教练发现这种形式的会谈没有取得任何进展，他们才需要和孩子商量，是否要改变会谈方式。也就是说，焦点解决模式的教练不会事先就认为面对面交谈适用于每一个来访者。在 SFBC 中，没有面对面会谈的情况下（或是对孩子的非言语行为缺乏关注的情况下），孩子可能会表现得百无聊赖，甚至鄙视教练，让教练觉得他们根本是在浪费时间……但慢慢就会发现，他们其实还是很好地利用了这次会谈。

治疗效果

目前，我们已经有充分的证据证明 SFBC 是一种行之有效的治疗方式。金吉里治（Gingerich）和彼得森（Peterson）在 2013 年发表的综述就是很好的证明之一。不过，现在并没有充足的证据可以说明焦点解决模式作为一种教练模式是否有效，这其中一部分原因可能是因为它比心理治疗出现的时间更晚。安东尼·格兰特（Anthony Grant）和他澳大利亚的同事们发表了几篇研究论文，讲述了焦点解决模式在教练领域的应用。虽然人们还是对处于研究中的焦点解决模式的有效性存在着质疑，但是他们的研究让我们有充分的理由相信，总有一天 SFBC 会和其他心理治疗领域的模式一样，被证明是行之有效的。

陷入瓶颈时不要慌，办法总比问题多

如果采用的治疗取向（无论是哪一种）不见成效，教练会怎么做呢？他们会有以下几种选择：第一，接受督导的帮助来拓宽思路；第二，改变治疗取向；第三，将来访者转介给另一位教练。但这又会引发另一个问题：另一位教练是继续使用之前失败的治疗取向呢，还是换一种取向呢？和治疗取向相比，教练的更换对来访者来说更为关键。

来访者认为他们和教练之间的关系是教练工作能否产生良好效果的关键所在。因此有人认为，如果教练工作遇到了瓶颈，那就意味着来访者和教练之间没有达成良好的合作关系。从焦点解决取向

看来，教练这时就需要和来访者建立或重新建立起合作关系，而最简单的方式就是从头开始，重新询问他们当前对会谈的期待。也就是说，工作陷入僵局意味着教练可能没有看到孩子的需求；也可能是因为来访者在自己没有意识到的情况下改变了期待。不过，发现来访者的改变是教练应该做的工作。

SFBC 两分钟教练过程

SFBC 不仅行之有效，而且简明扼要。比如下面这个例子。

有一天，我在学校走廊里碰到一位认识的 14 岁男孩，他当时站在教室外面。我停下脚步，用询问的眼光看着他，他说自己因为在上课的时候讲话而被赶出了教室。我问他老师会不会叫他回去上课，他说"会的"。然后我问他是否想回教室，他说"想"。

教练：那么，当老师出来叫你回去上课的时候，他会看到什么？

学生：我想回去上课。

教练：很好。还有呢？

学生：我不知道。

教练：那你会怎么跟老师说你想回去上课？

学生：我会很认真地说。

教练：他怎么知道你很认真呢？

学生：我会告诉他，我不会再捣乱了。

教练：当你告诉他这一点的时候，你的具体表现会是怎样的？

学生：你是指哪方面？

教练：比如，你当时脸上的表情会是怎样的？

学生：我不会嬉皮笑脸。

教练：那你会是什么表情呢？

学生：我会很严肃，并且直视他的眼睛。

教练：听起来很不错，祝你好运！

当我继续顺着走廊往下走的时候，老师从教室里出来了，并开始和这个学生对话。我离得太远了听不清他们具体在说什么，但是不到30秒钟，两人就一起走进了教室。

这个过程明显要比一个完整的教练会谈简单多了。它只关注了当前要解决的问题（回教室上课），因此没有机会把它和学生的实际生活情景联系起来。但是，我们可以把它看成是帮助来访者解决眼前问题的一段非常简短的对话。而且它也确实发挥了作用！

"Brief"既可以指每次会谈的长度，也可以代表会谈的总次数。有研究表明，SFBC通常都很简短，会谈次数往往不超过十次，甚至可能平均只有两到四次。不过，会谈次数也可能会持续多次，"频繁而简短"。大多数和孩子打交道的人都知道，有时候很难让他们长时间保持注意力。说到这里可能读者已经联想到了认识的一些孩子，他们恐怕连两分钟的时间都待不住！教练通常需要去适应孩子，如果他们能从"频繁而简短"的谈话中受益，那么这比强迫他们进行一次50分钟的会谈要好得多（事实上，我们发现对大多数孩子来说，30分钟就已经是极限了）。

对使用焦点解决模式的教练来说，知道自己需要在尽可能短的时间内结束会谈是非常重要的，他们可能通过让来访者打分（10分表示问题已经解决，0分表示第一次见面时的状态）的方式来衡量目标的达成程度。据我们的经验，来访者很少会给出10分。大多数孩子都乐意再约一次会谈，如果一切进展顺利，他们就会取消会谈。在有些地方，比如学校里，孩子往往喜欢在他们认为自己已经"解决问题了"的6~8周之后，再进行一次"跟进式"会谈。

教练、咨询和心理治疗

曾经有段时间，人们认为除了体育教练，教练这个职业就只和管理、商业和组织机构有关，因此认为教练只会关注个人绩效。人们觉得SFBC是一项有时间限制的、具有目标导向和未来导向的活动。于是，越来越多的机构希望教练能帮助它们提高员工在工作时的愉悦感和创造力。并且很多雇员会向教练寻求帮助，以获得更好的职业发展，保持工作、生活之间更好的平衡状态以及能更好地处理工作场合遇到的问题。

虽然教练的培训或多或少地源自咨询和心理治疗模式，但教练也曾千方百计地展示他们的工作和咨询之间存在着差异性。他们认为咨询更"深入"，会关注人们过去的经历和感受，适用于有"严重"问题和需要长期接受干预的来访者。教练可能会建议来访者在遇到某些特殊问题（比如药物滥用、精神健康和婚姻问题等）的时候，去寻求心理咨询师的帮助。有些特定的来访者，特别是那些"高功能个体"，则会在教练过程中得益最大。但是，越来越多（尤其是心理学出身）的教练发现，有时候可以在工作中进一步深入挖掘来访者的切身感受和过去经历。最近，有人提出一种新方法，幽默地称为"couching"，将两种方式结合起来。

最近几年，"教练"一词也开始运用于其他服务（如父母辅导）。于是，咨询和教练之间的界限变得更加模糊，越来越多的人开始使用"生活教练"这个头衔，而我们很难向他们阐明教练的独特性。

总的来说，随着教练服务范围的扩展，教练和咨询之间一直以来存在的界限，也在逐渐弱化。在焦点解决实践方面，焦点解决教练和焦点解决咨询师实际上做的是相同的工作。他们的工作性质基于来访者对它的期待，也就是来访者的委托内容。焦点解决模式的从业者称自己为教练还是咨询师，也取决于他们服务的来访者或顾客群体。当对象是孩子时，我们通常都会觉得"咨询师"或"心理治疗师"这类称呼很有距离感。而使用"生活教练"这个称呼对来访者来说更为友好，不会引起他们的恐惧，即使有时候他们并不能立马理解这个称呼的含义。

测评

大多数咨询和治疗模式乃至教练模式都认为，测评来访者当前存在的问题和它们问题背后"真正"的原因，是干预工作的第一步。在很多机构里，这是受理面谈的一部分，通常都用来探索可能存在的安全隐患，接下来我们就会提到这一点。

但 SFBC 并不包括测评这一步。比如，当一名来访者致电 BRIEF 说："我有 ××× 问题，你们受理吗？"无论这个问题是什么，他们听到的答复通常都是"受理"。正如我们前面说到的，这个模式关注的是来访者对未来的期待，而不是他们对现状的不满。当然，这往往会让来访者感到非常困惑。时不时就有人说："你都不知道我有什么问题，怎么能帮助到我呢？"而教练对此作出的最简单的回答是："虽然并不能百分百保证，但事实已经证明了它是有效果的。我随时欢迎你主动告诉我，任何你觉得我需要知道的或重要的事情。"

同时，这也会让一些专业人士感到沮丧。因为有些私营医疗院所的教练将初步测评作为其工作的标准特征，这既可以从一开始就找到可能存在的"风险"因素，同时还可以帮他们排除不合适的转介。对在机构工作的教练来说，如果机构明确规定了一开始就要做测评，那他们就必须遵循这项规定，无论他们的倾向是焦点解决取向还是其他取向。在这种情况下，我们提倡教练可以做一些心理训练，想象自己在一个独立的房间进行测评（"测评室"可能只存在于他们的想象中），然后把完成了的测评表放到一旁，切换到"改变室"启动焦点解决（SF）短程教练模式。

当必须测评时，SFBC 就受到了严格的限制，因为它对评估问题的性质和定义并没有什么帮助。不过，很多测评都需要评估来访者对干预的期待和目标，以及评估他们拥有的优势和改变的潜力，这时候可以加入焦点解决问题。

你有及时察觉这些安全隐患吗？

在服务儿童和青少年时，有一个问题必须考虑，那就是当他们的人身安全受到或可能会受到威胁时，我们应该怎样处理。首先，我们要强调，保护孩子的人身安全必须放在第一位。在教练怀疑孩子（或其他人）的人身安全受到威胁时，有责任立刻做出反应，哪怕这会停止焦点解决模式。

比如，学校里一位八年级（12岁）有学习障碍的学生在回答"最大期待问题"时，他说希望"它"结束了。我问他这会给他带来怎样的影响，他说他会变得"开心"。我继续问他如果他变得更开心了，生活会有怎样的变化……我就这样继续追问他对未来的期待及问题解决带来的后果。但是我发现，这个孩子会不时地提到"当它结束了",说明有什么重大的事件在困扰着他。我问他,"它"指的是什么,他回答说他一直在被人欺负。这时,我开始问他一些测评类的问题,试图去发现他身上曾经发生的事情、尝试过的自救行为和告知过的对象。这样一来,我完全背离了来访者导向的焦点解决模式,而是去询问一些可能会指导我下一步行动的具体信息。几分钟后,我发现他并没有获得过什么帮助,而此时会谈已经接近尾声。因此,我建议他跟我一起去找他的老师并告诉老师发生的事情。一开始这个学生并不乐意,他一直都很担心欺负他的人会发现他已经告诉了别人。我问他有没有想过告诉老师,他说他很害怕,因为如果他打算去找老师,欺负他的人也许会尾随他。这让我越来越强烈地感到需要为他做一些什么,我和他,说要么我们一起去见老师,要么我去找他的老师说明情况。他同意一起去找老师,后来这件事情顺利解决了。

当存在安全隐患时,无论是校园暴力、自残、药物滥用还是其他严重的问题,教练都需要做出决定,是否需要将来访者转介给能更有效地处理此类问题的人。我们大概需要一整本书的篇幅,来讲述教练做出决定的时机和方式。其中有一点需要提到的是,教练做出决定的时机和方式取决于教练和孩子会谈的场所以及与他们交流工作的对象(督导、经理)。无论在哪里,这样的重大决定都需要和同事探讨。

另一个例子是学校里一位16岁的女孩,她说最希望哥哥不再打她。她描述自己为了避开哥哥,告诉家人下午五点就要上床睡觉,之后就一直待在自己的房间直到第二天上学。当我问她她妈妈知道这个情况后说了什么,她告诉我妈妈要她不要告诉别人,这样社工就不会上门了。我告诉她我不赞同她的观点,认为这种不能忍受的情况必须停止,而我有责任通知学校的老师。这个女孩求我不要告诉别人,我说我没有别的选择,但是我们可以一起或者我独自去告诉老师。她选择了我们俩一起去告诉老师,然后老师来到了教练办公室。老师说在读这个学生的档案时,就已经感觉到了她可能存在一些家庭问题。听到这个女孩述说她和哥哥存在的问题时,这位老师表示她会立即联系社会机构。接着,我和这个女孩谈了她对这件事情的最大期待是什么,并告诉她妈妈会感到不高兴,哥哥也会很快知道他妹妹去告状了,以及怎样做才能最好地支撑她度过这个艰难的时期。

　　我们还可以举出更多的例子,在这些例子中,都需要和孩子沟通,要让他们知道需要将某些危害到他们人身安全的信息告诉其他人。通常他们会选择接受,甚至可能这也是他们所希望的。但有些学生也会感到非常愤怒,他们认为自己的隐私受到了侵犯,并拒绝再和教练碰面。所以对教练而言,有必要在一开始就告诉来访者,保密是视情况而定的。不过我们也遇到过这样一些孩子,当我们告诉他们要把这些信息告诉他人时,他们仍然表示诧异,有些甚至会大发雷霆。

一位 14 岁的男孩告诉我"教练要积极向上",他说这不是为了让他们(来访者)感觉好一点,而是会让他们做得更好。这句话说得非常好,连我自己都无法做出比这更好的总结。但是我们需要一段时间的等待来观察我们的"参与"是否有效。一位 11 岁的男孩在他第一次会谈结尾(他的母亲也在场)告诉他的母亲,他下一次还会再来,但是想知道会谈对他能起到什么样的帮助。他母亲耐心地跟他解释,"跟别人说一说自己的想法就好了",他回应说:"是的,但是你打算怎么做?"我表扬他提出了一个很棒的问题,复述了一些他之前告诉过我的很好的想法,并让他去发现所做的一切是否奏效……如果他什么也没有发现,那我们就知道这些都没有奏效,我们必须想一想其他办法。幸运的是,没有必要了。

最后我们用一位 15 岁男孩说过的话来结尾,他在第四次会谈的开始告诉我:"你帮助我思考我开心的时候做了些什么,并且在那个时候是如何做到的。如果没有这些会谈,我是无法做到这一点的。"

总结

SFBC 的关键点

- 会谈的成功取决于来访者已经明确了自己对会谈所抱有的期待。
- 当来访者能详细描述出他们所期待的未来时,就会有能力去做出改变。

・改变的动力来自来访者对期待的未来的设想和以前取得的进步和成功（不管多么微不足道）。

・教练不需要问清楚问题的细节甚至是具体问题，来访者都能从这个模式中受益。

・教练是起到催化剂的作用，通过提问的方式来推动来访者的改变，这些问题能激发来访者自我反省。教练不需要去了解来访者的生活现状，或是从专家的角度去评价什么对他们好或不好。

・来访者的生活和他们认为重要的人密切相关，问问这些人的期待以及来访者对这些关系的期待能促使来访者作出更有意义的选择。

・来访者的生活中总是存在着成功的例子，不论事情多么微小，都能证明来访者是有能力去做出改变的。

关键流程

・最大期待：在会谈的开始，询问来访者对会谈的最大期待是什么，使教练与来访者之间形成一项"契约"。

・期待的未来：对来访者进行"明日提问"或"奇迹提问"，这能及时发现当他们愿望成真后，第二天的生活会是怎样的。

・评估量表：在0~10分的评估量表上，来访者现在处于哪个位置？他们在做什么？他们是如何做到的？什么能表示他们

第 1 章　面对困境,你找到正确的方法了吗?

提高了一分?

　　· 结束:总结。

　　· 后续会谈:询问并推进发展。

第 2 章

如何有效地与孩子对话？

孩子会因为各种各样的原因需要找教练，可能是因为他们的父母或其他亲人朋友担心他们的生活而过来寻求帮助，也可能是因为孩子自己遇到了困难或者自身有什么顾虑。在孩子的日常生活当中，很多困难已经通过朋友、家人、老师和其他认识的成年人得到了解决。但有时候孩子会一直处于焦虑之中，他们的行为也无法适应正常生活。比如，消极地看待自己、无法控制自己的行为、无法正常地学习。SFBC 可以有效地帮助孩子找到自己的声音，勇于表达自己，并自己找到解决的办法。

SFBC 是如何与孩子进行沟通的？

焦点解决取向的教练在会谈时可能会和孩子独处，也可能和他们的家人一起，这取决于哪种方式更有效，以及来访者或转介机构的要求。教练在治疗过程中无可避免地会涉及如何保护来访者的隐私问题，不过这点在 SFBC 中并不是很难处理，因为这种模式本身就具有透明性，孩子往往都很乐意亲口或让其他人告诉父母会谈里发生的事情。

有时候，焦点解决取向的教练可能需要在和孩子打交道的时候转换到另一个角色。比如，如果孩子可能处于危险之中，那么教练就需要跳出原有的角色，对风险作出评估，或把这个孩子转介到可以帮助到他的合适的专业人士那里去。如果这些问题和其他人有关，比如来访者受到了其他孩子的欺凌，或和某个大人有矛盾，那么教练就需要跳出自身的角色去处理这些问题，当然也需要孩子的同意和参与。在和孩子打交道的过程中，很多专业人士会发现，他们面临着一些让成年人也会感到痛苦和无助的复杂问题，比如经济困难或某些充满挑战性的社会问题。这些复杂的问题需要引起教练的注意，有时他们需要跳出教练的角色来处理它们，有时他们需要帮助孩子理解这些问题并帮助他们处理。采用哪种方式和教练的取向和专业有关，教练做出决定时，不仅需要考虑到对孩子的影响，也要考虑到它对大环境的影响。

一般来说，孩子对问题导向会谈的反响都不是很好，主要是他们对时间的感知有差异而导致的。因为和可能存在但是当天没有发生的事情相比，昨天发生了和明天将要发生的事情对他们来说更为重要。另外，对他们来说，问题导向会谈中谈论存在的问题常常会感觉不舒服和被束缚。不过，焦点解决取向谈论的话题是他们自身的优势和资源，以及对未来的展望和已经取得的小成就。正如特蕾莎·斯坦纳（Therese Steiner）所说，这更符合孩子的思维模式和对世界的看法。

归根结底，焦点解决取向非常贴近孩子们的思维模式和世界观，我从来没有见过有哪个孩子喜欢谈论自己有什么问题。当你观察孩子们的时候，就会发现他们处理日常遇到的小问题时都喜欢尝试错误的方法。他们总是向前看，很少坐下来仔细分析如何从问题本身获得解决方案。我越思考这些特性，越觉得SFBC更符合孩子们的处事方式。

　　SFBC将人和问题区分开来，在和个体沟通的时候，往往把他们的问题摆在一边。这就瞬间拓宽了个体的眼界，让他们发现自己在没有问题时候的状态，并从一开始就给他们带来了希望和动力。这种理念在孩子身上尤为有效，因为他们还处于发展自我、寻求身份认同感的阶段。虽然这种持续的发展可以给他们带来一些改变，但也很容易让他们受到自我标签的影响。这种无问题会谈提醒孩子，除了他们的问题或担忧，他们还有更多的事要做。

　　SFBC可以帮助孩子建立自我效能感，他们可以自由地谈论自己想做出什么样的改变、自己取得的成绩，然后摆脱僵化或者很糟糕的阶段，朝着心中的目标一步一步地前进。SFBC也可以帮助孩子逐步建立和发展自主、自控的观念，给他们带来积极的感受，让他们对其他想改变的事情保持乐观的态度，在应对无法避免的困难和挫折时有更多的心理准备。让孩子在生命早期学习和体验到这些事情，是非常重要的，这能让他们在之后的学习中更容易取得成功。

　　孩子所处的生活环境，大多数情况下是被他人所控制的。而SFBC可以帮助孩子意识到，不仅其他人或环境可以改变，他们自己的行为也可以改变，以此来提高孩子们的自我掌控力。比如，一个说没人愿意和他做朋友的孩子可以通过SFBC探索并提高他的社交技巧，这样其他的孩子也会对他更友好。

所有的教练模式都会存在一些假设，这些假设引导了教练的进程和发展。SFBC 的假设对孩子来说格外友好，它把教练放在一个和其他教练模式不同的位置上。这样，教练不是带领孩子去寻找水源，而是跟着孩子去属于他们自己的绿洲。

针对孩子的特性制定教练内容

SFBC 的精髓在于对话，孩子们通常也喜欢对话。他们也习惯有个教练，虽然焦点解决取向的教练和他们期待的教练可能有点不同。孩子们一般都认为教练是教他们某些特殊的技术，帮助他们发展特长的人。因此，当他们发现焦点解决取向的教练既不会告诉他们要做什么，也不会教他们怎么去做的时候，感到惊讶的同时又表示欢迎。在不被逼着去谈论自己不愿意谈的事情或不用给出某个特定的回答时，孩子们往往更健谈。和孩子们谈论他们拥有的东西往往可以轻而易举地打开他们的话匣子，他们通常都很欢迎你询问他们的爱好、特长、才能和最近的喜好，而且非常愿意回答这类问题，他们的回答可以给今后的教练过程提供丰富的信息。

为了让对话变得更加深入和有趣，焦点解决取向的教练可以引入一些道具和活动，比如角色扮演、画画、游戏等来帮助交流。孩子们一般都很喜欢用道具和活动来进行沟通和自我表达，他们对这些表达方式可能已经习以为常，也可能以前很少有这样的机会。

第 2 章　如何有效地与孩子对话？

对教练来说，在会谈中加入道具和活动来帮助孩子们表达他们的愿望、长处、技能、成就和进步其实并不难。但是我们需要确保会谈中用到的所有道具和活动都是焦点解决教练过程中不可缺少的一部分，而不是一个虽然有趣但是相对来说比较独立的活动。我们使用的道具可能只是简单的钢笔、粉笔、颜料、白纸或卡片；也可能是预先设计好了，让孩子完成的表或图；又或许是焦点解决模式中使用的特定道具，比如"优势卡片"（strength cards）（每张卡上都写或画了不同的特长和技能）、教练卡片、记录卡片和代表量表的图；有时候会是玩具，比如毛绒玩具和周围的环境（详见第8章）。有些会谈适合使用道具和活动，而有些会谈里只需要教练的对话就足够了，不必加入其他元素。记得提前和其他专业人员解释我们在做的事，避免他们对我们的教练过程产生误解和失望的情绪。

在和孩子一起使用道具时，你所选择的方位有时候也很有用。如果你和他们肩并肩地坐在一起看东西，会让有些孩子觉得会谈更简单、不费力，甚至感觉不那么害怕。也就是说，这样的位置能让他们自己控制和你之间的眼神交流次数和程度，让"思考的时间"变得更加放松。

对有些孩子来说，他们喜欢在会谈中加入一些活动，因为他们可能很难久坐和长时间地保持注意力。即使只是围绕着教练对话的一些非常简单的活动，比如在黑板上面画一个量表，用手指墙上、地板上的一个数字，都是不错的选择。当我们让儿童开始想象他/她周围

用画画来代替语言

我在学校开展了一个教练项目。有一天，我在休息室和一个助教聊天。以下是聊天的具体内容：

"我觉得你和孩子打交道的这份工作真心不错！"

"对，我很享受这份工作，那么你喜欢这份工作的哪些方面呢？"

"孩子们喜欢卷起袖子，把手弄得脏兮兮的，还很有创造力……现在他们很少能够这么做了，所以他们都喜欢过来找你。"

"那你觉得我和他们在一起做什么？"我试探性地问了一句，我想知道卷起袖子是不是指当时我们在做优势卡片和贴纸。

"你不是和他们在一起画画吗，我以为你在教他们画画呢？"她大声地说，随着谈话的继续，她看起来有点失望。

"光用画画来表达不是特别准确，他们是在用自己的语言和看待事物的方式来绘画。我们关注的是他们的长处、擅长的事物和想要进一步提高的东西，以及他们想象自己变得更好之后的样子，这些画代表他们达到这一点的标志……也可以说是他们在用画画代替语言。"

"噢，你们是在对话。"

的人已经察觉到他们的哪些变化时，可以让他们坐在对应这些变化的不同的椅子上，这种活动的效果也会非常好。马修·塞莱克曼（Matthew Selekman）介绍过一些焦点解决模式的文艺活动和游戏，我们发现这些活动和游戏在孩子身上都十分奏效。塞莱克曼将它们归为家庭活动的一部分，而我发现它们在与孩子单独交流时也同样有效。

以下是一些例子：

1. 想象一下自己在体验X光机。孩子躺在地板上，另一个人画出他们的轮廓，然后在轮廓线里面写或画出这个孩子可能展现出来的所有感受，并圈出他们相对更希望出现的感受。

2. 把曾经成功的经历转化成电影画面。孩子在脑海里想象自己以前的成功经历，然后把这些经历转变成电影画面，这样可以引导他们将成功的经验运用到改变中。

3. 时光机。你可以画出来，也可以在室内用椅子摆出来。我们邀请孩子回到过去最好的时刻，或者去到未来他们想去的地方。这给孩子提供了很多机会，让他们可以尽情谈论过去取得的成绩，还能让他们以未来（当他们"最大期待"已经达成的时候）的视角向前看。这样可以让他们在这次时光之旅中给自己提出建议，或是发现他们是如何让自己前进的。

4. 特别嘉宾和毛绒玩具。让孩子想象一些名人或他们崇拜的角色。这对他们来说很简单，这个人可能是足球运动员、音乐或影视明星，也可能是虚构出来的人物。然后让他们想象一下，这个人针对他们的现状可能会给出怎样的建议或意见，或提醒他们应该注意什么。如果这个孩子能画出或找到一张代表这位嘉宾的图片，或是站在房间的某个特定位置来代表这个嘉宾，通常可以达到最佳的效果。这个活动在给孩子带来欢乐的同时，也可以洞察一些细节问题。如果孩子的年纪很小，可以问他们有没有喜欢的毛绒玩具。然后让他们向这个毛绒玩具征求处理事情的意见，或是看看这个孩子在面对毛绒玩具时的具体行为。

特蕾莎·斯坦纳还描述了用布袋木偶（这些通常都是动物木偶）和年幼孩子互动的几种很好的方式。教练会跟布袋木偶说话，然后让孩子以木偶的角色来做出回答，这样做既可以让他们"和自己保持安全的距离，同时又可以让他们亲身感受到自己当前的行为和将来的行为"。

焦点解决模式的教练需要注意的是，不要将个人主观色彩加入到对这些活动的观察当中。这些想法完全来源于孩子，而这些活动主要是帮助孩子用更多的方式来洞察自己的内心。

下面这个例子讲述了第三方的形象是如何帮助到孩子的。周（Zoe）是一个十岁的孩子，她画了一只真实的动物（她的狗班提），而不是一个毛绒玩具，她希望自己能变得更加冷静和放松。我问她变得冷静和放松的时候会做什么，她说会让自己的语速更慢，声音更轻，安静地坐在教室里听讲，在家里也尽量保持安静，能长时间地倾听父母说话而不是立刻打断他们。周认为能立刻发现这一点改变的"人"是班提（而且她的这个想法感觉很有道理）。班提是一条有点神经质、非常容易兴奋的幼犬。当周开始生气、大喊大叫的时候，班提会变得非常沮丧。这时候班提可能会躲在桌子底下，或是一直上蹿下跳不停地吠叫。周画了一张班提的画，呈现了很多狗在咆哮和低吼的画面。我们发现，班提对家和学校都有很强的洞察力，总是能发现一些周可能忽视了的她自己冷静时的额外细节。周随身带着班提的画，进步很大，当班提在周身上发现越来越多的改变时，周也开始发现班提身上的变化。在这次会谈的结尾，周告诉我们班提已经不再吼叫或躲在桌子底下，而是一直忙着和周一起玩耍，因为她很少大喊大叫或生气了。同时，她也能安静地坐在教室里听讲了。

角色扮演是一种非常有效的焦点解决活动。通过在会谈中进行角色扮演，一些孩子可以向你展示事情发展的状态和他们对此的期待，以及已经得到改善的地方。角色扮演的有效性在于它能展示给焦点解决教练他们感兴趣的、具体的、可观察到的行为。而对于孩子来说，他们可能会发现相比用语言描述，把事情表现出来会更加简单。有一个女孩觉得其他孩子都对她评头论足，因此她感觉无法在学校里自在地行走。她向我演示她希望如何在学校里自由行走——她抬着头，有时候面带微笑，有时候和别人进行眼神交流，甚至有时候还会直接去找人交谈。在这次演示中，她发现自己在某些小方面已经在这么做了。我问她还做了什么，以及这件事告诉了她关于她自己的什么情况，这给原本可能毫无关联的描述增加了广度和深度。我也会在那些与朋友交往方面存在问题的孩子身上使用角色扮演，真的非常有效。这个孩子会扮演自己，而教练扮演朋友的角色。这两种角色也可以互换，并给彼此一些反馈，比如"朋友"会给这个孩子一些很好的反馈，告诉他们哪些方面有成效了。教练通常会发现，孩子以前可能已经做过某些尝试了，于是孩子会发现并说："我上个礼拜就是这么做的！"但是，有些孩子并不喜欢角色扮演，对他们来说，用其他方式或是只进行交谈更为有效。

如果孩子进入教练室的时候精力充沛，那么不妨带他们出去散散步，这种"焦点解决漫步"也很有用。皮特·萨博（Peter Szabo）曾经有一次带他课上所有的学员去摄政公园（Regent's Park）进行"焦点解决漫步"。这种散步不仅是为了呼吸新鲜空气和锻炼（当然这样也很好），我们还能把树木、灌木丛、墙壁、雕塑和蜿蜒的道路融入我们的对话。虽然我们可能回去的时候会感到很疲惫，但是大家都深受启发，因为我们和同伴进行了一些非常有效的焦点解决模式的交流。同样，和孩子一起出去"焦点解决漫步"也可以利用台阶、跳跃或一些特殊的自然现象。比如，用一棵大树代表这个孩子的能力和优点；而天空或其他自然景观代表这个孩子的"最大期待"；一堆石头、嫩枝或树叶代表他想要的未来的每个细节。最后还可以用大自然里的道路、树枝、山坡或树篱来代表量表尺，这样孩子可以通过在这个量表尺上跑过或走过的距离来表示他们目前取得的成就和未来可能取得进展的迹象。以上只是部分想法，和孩子在户外的时候，你自己可能还会发现不少很好用的道具。除了进行这种散步形式的会谈，我还会在有些会谈的开始部分加入一些简单的正念训练（mindfulness exercise）。这不是要分散或减少室内的能量，而是要帮助孩子集中他们的能量。我们会静坐一小会儿，集中注意力，保持平静并全神贯注于一件事，比如非常专注地慢慢呼吸、慢慢地站起坐下等。

和孩子打交道的小窍门

开始对话

和孩子刚开始对话的时候，先闲聊一会儿，表现出你对他们的兴趣。尤其是在孩子对你的个性或者工作方式有一些恐惧或奇怪想法时，这样做会让他们感到更舒适和更放松。在会谈的开始先进行一些闲聊和提问不仅有助于消除孩子们的担忧和恐惧，在有些文化中还被认为是一种更有礼貌的沟通方式，这意味着和任何问题相比，你都觉得眼前这个人更为重要。同时，这也给孩子提供了一次机会，让他们能够通过闲聊展现出自己身上的一些能力和技能，他们会为

发现孩子身上的优点和技能

教练解决模式的一部分是要有选择性地倾听，更多地关注儿童或青少年提到的他们拥有的技能和优势。教练可以记录下来，然后在需要的时候，提醒他们所拥有的这些技能和优势。

另一种方法是使用优势卡片来提醒儿童或青少年他们拥有的技能和优势。教练可以让孩子们从头到尾地浏览优势卡片，也可以有选择性地或随机地挑选一些优势卡片和他们一起讨论。优势卡片上列举的这些技能和优势可能让孩子觉得眼熟，但他们自己也许从没有明确将自己有这些技能或优势说出来过。

给孩子布置家庭作业可以进一步帮助他们探索自身拥有的技能和优势。这对不爱做功课的孩子来说也同样有效。在这个家庭作业里，孩子要扮演新闻记者的角色，而这份报道是关于他们自己的。他们需要尽可能多地去采访其他人，并询问他们最欣赏他身上的哪些方面，看到了他身上的哪些技能和优势。教练可以鼓励孩子们请被访者举出一些例子，包括具体的事情、回忆或趣闻，然后用新闻稿的方式把它写下来，用新闻播报的方式把这些事情串成文字并大声说出来。这会给孩子们带来很大的改变。同样地，把这些事情用书面形式记录下来或印刷出来也能给孩子们带来很大改变。

拥有并展现出这些能力而骄傲，在之后的谈话里，当你提及他们拥有的这些能力时，对会谈的进展也很有帮助。当你以一种积极的、机敏的态度开始谈话是可以提高整体效果的。正如南希·科林（Nancy Kline）写的那样："如果人们会谈时提到的第一件事是对他们个人或团队工作真实而正面的评价，那他们都会在接下来的会谈里更踊跃地思考。"这对于孩子的教练会谈也同样有效。就我的个人经验而言，用资源谈话开始的教练过程可以帮助孩子，让他们的思维更加开放，更乐于接受其他可能性，同时对自己和他人也都能以新的积极的方式来看待。

建立契约

有时候，想要孩子做出改变的人可能并非他们自己，而是他们的老师、家长、其他专业人士或家庭成员。这时候你可能需要和这个成年人单独相处，帮助他去思考要怎样去管教孩子或给予他们有关孩子行为的反馈。有时候，教练可能会同时和成年人还有孩子一起见面，聊一聊他们双方对教练过程的期待或是孩子能从中获得什么。而有时候，教练也可能和孩子单独会谈。

有时候，当被问到对教练过程的最大期待时，孩子并不能很好地理解所谓最大期待的具体含义。但是，孩子对教练过程有一个承诺和认可是非常重要的，即使这个孩子只是赞同其他人对自己的观点和期待。如果对教练重心没有一个真正的契约，那么会谈就很容易跑偏，教练会发现自己在强迫孩子朝着他们认为的、对孩子有利的方向前进。因此，我们需要在这个阶段多费一些工夫，试着去调整提问方式，比如教练可以这样问："如果来这里对你有效果，你会发现哪里变得不一样了？""你怎么知道今天的会谈对你来说是有用的？"或是"你想在哪些方面变得更好？"如果孩子仍然很难回答出他们对教练过程的期待，教练可以使用对孩子来说更好回答的量表式问题，去帮助他们思考在生活中自己在哪些方面比较好，哪些方面不太好。

> **有关"最大期待"的量表式问题**
>
> "你在家里／学校里／其他地方过得如何？10分表示一切都很好／符合期待，1分表示恰恰相反。"
>
> ・如果孩子给出的分数是10分，那么事情看上去还不错，教练可能会询问孩子是什么让他保持在10分。
>
> ・如果孩子给出的分数低于10分，那么教练的问题可能会是："你想要事情变得更好一点吗？"

孩子（和成年人）常常用消极的方式来表达自己的最大期待，说自己想停止做某些事情。这时教练可以询问他们："那你想做什么来替代它呢？"如果孩子提出希望另一个人停止做什么事情，那么教练就需要去确认是否要进一步去深入挖掘和处理这件事情,因为这可能是有人在欺凌或者虐待这个孩子。如果不是这种情况,教练就会问这个孩子,如果老师经常表扬他或朋友不和他争吵,会给他带来怎样的改变。这样可以让孩子用另一种更积极、更正面的方式来形容自己的期待。

承诺量表

如果 10 分表示你会不惜任何代价去实现你的最大期待,那么你会给自己打几分?

· 你为什么给出目前这个分数而不是更低的分数?

· 你觉得是自己身上哪些方面告诉你,你可以达到这一点?

如果孩子对教练过程的期待与介绍他们过来的大人的描述不一致,那教练需要在会谈中承认并尊重孩子自己的意愿。这一点非常重要,它可以让孩子感到自己真正参与到这个过程中。有时候,孩子会在自己不赞同的情况下,简单重复他人的想法。比如,孩子可能会说想要上课时注意力更集中、取得更好的成绩或冷静下来,但实际上他们自己并不这么认为。在这种情况下,教练可以问他们:"那这样对你有什么好处?"这样孩子就可以去探索这些对他们来说意味着什么。教练也可以使用承诺量表(commitment scale),鼓励孩子思考并大声说出这些对他们有多重要。对孩子来说,一个或多个成年人对他们的认可也是很重要的，所以发现可以引发这些认可他们行为的细节很重要，了解它会给孩子带来的改变也很重要，但与孩子建立契约则是更加重要的一个环节。

　　教练过程中制订的契约，无论是针对儿童、青少年还是成年人，都必须具有可行性，也就是说，这是教练可以帮忙筛选的事情。但这并不意味着我们要劝阻或摧毁他们的梦想，而是说我们要仔细挑选梦想的组成部分。有些孩子说他们想成为著名影星或足球明星，那么我们可以进一步探索，如果我们问孩子："你会怎么做？"这实际是在询问孩子怎么一步一步地朝着当著名影星或足球明星的目标前进。而如果我们换一种说法，问他们："这会给你带来怎样的变化？"有些孩子就会改变先前只把梦想聚焦在著名影星或足球明星的想法上，而换一种回答。比如"我每天都会变得更开心"或是"我会更享受生活"。

　　有时候，孩子期待的生活中会发生的变化和他们面对的所有困难相比，是微不足道的。但是，经过和孩子多次的合作证明了一个结论：即使是在某一方面的微小变化，也常常能带来很多其他方面的改变。一旦孩子发现自己做出了一些小改变，并相信这些是可行的，那么他们就会更加相信自己有能力去处理将来可能面对的其他问题。

　　孩子在教练过程中抱有的期待和行为必须是安全无害的，不管是对自己或对他人，否则教练需要鼓励孩子换一个角度思考自己想要的是什么。如果存在安全问题或风险，教练会在必要的时候跳出焦点解决教练的角色，进行风险评估并将孩子转介到其他机构。有时候让孩子参与到如何保护自己安全的讨论之中也是可行的，这样他们就可以学习使用各种技能来分辨危险并保护自己。

> **坚持探索孩子的"最大期待"**
>
> 　　我曾经辅导过一个从其他专家那里认识的孩子，这个孩子发现自己很难保持冷静和控制自己的行为。他告诉我，他并不在乎自己是不是能够保持冷静和控制自己，但如何在每场球赛之后更好地打理自己的球鞋对他来说很重要。只有这样他的球鞋才会看起来更清爽，鞋子上面不会有成片成片干涸的泥巴，他也会因此变得更加自信，从而可以更好地踢球。所以，球打得更好就是他对教练过程的诉求，也是他的最大期待。但在会谈中，事实证明，球踢得更好涉及很多事情，比如在赛中和赛后控制自己的情绪。

　　孩子表达出来的他们的"最大期待"对他们自己来说也必须是可行的，比如有时候孩子会说他们最希望"不用去上学"。有些教练会选择询问孩子："这会给你带来怎样的改变？"这样可以鼓励孩子做出进一步的说明，比如孩子可能会回答："我会变得更开心，而且不会感到那么无聊。"然后教练会问："所以你希望自己可以更开心，对别的东西更有兴趣是吗？"教练和孩子之前通过这些提问形成契约。另外，有些教练可能会问这个孩子是否可以不用去上学。其中大部分儿童都理解接受学校教育是他们的义务，这时候教练可能会说："如果你不得不上学的话，你是否愿意在学校的时候更开心一些？"这时，大部分孩子都会表示愿意。

孩子心中也有憧憬着的美好未来

询问孩子他们所期待的未来的具体细节，其实是让他们尽可能详尽、具体地描述对他们来说有意义的事情。这样做，孩子期待的未来就变成了在孩子面前闪闪发光的，由重要而奇妙的东西组成的一道风景，并和他们的价值观、情感和渴望息息相关，而不仅仅是他们要完成的任务。孩子会被这样的风景所鼓舞，而焦点解决教练会站在孩子的身边，避免他们陷入到任务导向的对话当中。

在和孩子一起探索他们想要的未来时，我发现有些孩子乐于回答"奇迹提问"，而有些更喜欢"明日提问"。如果孩子沉默了，可能是他们希望你再复述一遍问题，或者他们需要时间换一种形式来理解这个问题。教练通常都喜欢用自己的方式来提出问题，或是在不同的时间用不同的方式来提问。但在询问孩子时最好能放慢语速并做出一些停顿，这一点是非常重要的。这种提问方式像在讲述一个故事，这对有些孩子来说具有很大的吸引力，会给他们足够的时间来消化自己的想法并继续听你讲述这个故事。但是，我们需要注意孩子对"奇迹"这个词的理解。有个孩子在第二次会谈中告诉我:"奇迹发生了,奇迹发生了!有天我醒后,下了床,虽然弟弟让我很生气,但我没有打他。我穿好衣服,没有理他。不过这种情况不会再发生了……奇迹只会出现一次!"

> **奇迹提问**
>
> 接下来我要问你一个有点奇怪的问题,它需要你戴上一顶具有魔法的帽子(假装已经带上了),准备好了吗?假设你今晚回家后像平时一样生活,喝杯茶/玩耍/去上课/写作业/看电视?(孩子通过点头或摇头来帮助教练判断哪些是正确的答案)
>
> 然后,你上床睡觉(在这停顿一下,这是日常生活到想象世界的分界线)。你发现自己醒了,奇迹发生了——你生活中最期待的事情发生了(或形容一下这个孩子的最大期待,比如交到了朋友、能保持冷静、能保持注意力等),但其实你还在睡觉,并不知道奇迹已经发生了!那么你醒来的时候,当你睁开眼睛的时候,说明奇迹真的发生了的最细微的迹象是什么?当你准备去上学,当你到了学校,你首先会注意到什么变化?

对有些孩子来说,"明日提问"就足够了,这会让他们在会谈中用对话的方式描绘出他们内心隐藏的事情,甚至通过某些方式想象自己处于未来世界。不同的孩子给出细节的丰富程度不同，但是通常都比教练最初设想的内容要丰富得多。

有些孩子可能会更愿意通过图画或文字的方式来表达他们想要的未来，还有些不愿意说话的孩子可能更愿意让自己的朋友、家长或老师来替他们回答和形容他们想要的未来。其他人代替孩子回答的这种方式有时候会给孩子带来很多乐趣，必要的时候他们还会对他人的说法进行纠正。教练也可以询问孩子，当梦想实现之后，其他人会注意到什么，而这种"第三方视角"问题对孩子来说通常都很简单。这个第三方可以是真人，也可以是虚构出来的人或动物。孩子通常都很乐意进入到一个幻想世界，虚构出来的"有关的"著名的人物或受人喜爱的虚拟形象会注意到孩子在"奇迹日"或"明天"发生时的行为有什么改变。

量表式问题：让孩子打开话匣子

量表式问题可以让孩子谈论他们的优势、技能、期待和对未来的构想，以及取得进步的标志和迹象。即便教练不是特别清楚孩子在谈论什么，但我们相信孩子自己一定明白。很多教练使用数字0~10作为标尺，但是我更愿意让孩子使用1~10的数字标尺，因为这是孩子都会数的范围。量表可以是事先设定好的，但孩子并不喜欢这种量表，他们往往会打破现有的规则而占据主导地位。所以教练只需设定好基准，由他们自己设定数值和进展即可。孩子平时往往没有掌控权，所以他们很喜欢这种可以自我操控的机会。孩子很容易就能理解量表尺，当成年人需要停下来思考或重新考虑自己处在量表的哪个位置的时候，孩子通常都能立刻报出自己所处位置的数字甚至能精确到分数。我曾经帮助过的一个孩子经常用数字和二十分之几来回答量表式问题，比如"我现在处在五又二十分之四这个位置"。

　　孩子使用的量表尺不一定非要是数值，上面的标识也可以是不同的食物、表情或者不同的物品（比如梯子）、动物（比如蛇）等。我曾用滑雪场雪道的斜坡、山峰的斜坡、不断变大的雪球、湍急的河流、滑梯和秋千来构建过量表尺。量表尺的顶端是孩子描述的他心中的"最大期待"，它往往是很多种可能性的集合，因此可以包括各种各样的改变，而不是只有单调乏味的任务。量表尺的另一端则比较含糊（我通常都说它是最大期待的"对立面"），因为我们不需要浪费时间去形容你不想看到的东西。我们也可以使用分量表和多维度量表，将孩子的期待分割成不同的部分，这也可以让孩子在同时处理多个问题的时候不用区分它们的先后顺序。无论我们怎样构建量表，都会给孩子一个"最大期待"的具体标识，这代表他们要去的地方。他们可以通过移动手指、走或跳的方式（取决于教练怎样构建量表）到达下一个进步点。

　　在被问到"你怎么得到4分（假设）而不是更低分"的时候，

> **量表**
>
> ·期待的未来量表：10代表孩子之前形容过的他们的最大期待中的所有细节描述，而1则正好相反。
>
> ·信心量表：对实现最大期待的信心。
>
> ·承诺量表：10代表孩子真的很想去做这件事；1代表孩子只是说说而已，并不是特别在意。（孩子看上去很喜欢这个量表，而这也能让他们思考自己的承诺是偏高还是偏低了。）
>
> ·应对量表：当孩子发现很难改变但还是慢慢在努力完成期待的时候实用的量表。
>
> ·努力量表：10代表孩子会尽自己的一切去实现最大期待，而1代表孩子在最大期待上投入的精力会和其他事情一样低。（让孩子听到自己的回答，这点很有用。）
>
> ·第三方观点量表：询问孩子他们的朋友、父母、老师等人会给他们在上面的任何一个量表上打几分。有时候孩子会发现从第三方的视角来观察自己要更简单。

孩子通常会告诉教练自己得到4分的原因，比如列出他们没有做的事情或做得比较不成功的事情。教练需要警惕这一点，并在恰当的时候通过复述问题来打断他们，或者教练也可以在这个问题上停下来，即便已经超过了预期的时间。这时教练可以多询问孩子几次"还有呢？"在追问中如果孩子发现了自己之前没有注意到的方面，我们就可以多花一些时间和精力来观察这些方面。我喜欢在下一个标识或迹象那里多花一点时间，因为我认为这是孩子发生改变的重要启点，他们开始看到它是怎么发生的，而这会引发他们更多的观察和行为。通常我也只会追问一到两次，因为如果教练迫切地想要收集所有的迹象，孩子可能会感到有人在给他们施加压力而降低量表得分。在询问孩子量表化问题时，风景不仅是足迹的一部分，还成了孩子向前的道路，也显示了孩子正在为自己希望的未来努力，而且困境和更多的机会，会帮他们打开眼界。

不同的语言会产生不同的魔法

史蒂夫·德·沙泽尔曾描写过语言的神奇力量以及怎样将语言运用到治疗当中的方法。焦点解决取向的教练都清楚地知道，自己不同的语言表达会导致会谈过程的不同。不同的语言表达可以获得与来访者会谈的机会或断绝机会；可以增加或降低来访者的乐观性；可以使获得的资源最大化或最小化；也可以帮助来访者改变或使来访者停滞不前。我们在这里需要谨记"只有留意你询问的方式，你才能更好地掌握它"。比如："你觉得哪些步骤的完成意味着你实现了最大期待？""你觉得哪些事情标志着你实现了最大期待？"这两种说话方式，一个使用"步骤"，一个使用"标志"。"步骤"

这个词会让事情听上去很棘手，而且必须要完成。而使用"标志"这个词则更为缓和和开放，让人觉得在会谈中有这样的开始就很不错了。同样的，说"什么是你必须注意到的"意味着事情很难办，而说"你会注意到什么"就假定了事情会发生改变。

时态的变化可以将泛化的问题转变为细化的行为。如果孩子说"我不会踢足球"，这个表达的是最终的结果，但如果你向这个孩子重复"你过去不会踢足球"，这种时态的改变就预示了希望的存在。而与之相反，当事情对孩子有利时，你可以将这样的陈述泛化。比如，如果孩子对你说："我今天打了场不错的比赛。"那你可以询问他："这说明你自己是怎样的人？"孩子可能给出的回答是："我是个可以打好比赛的人。"这是一种"自我认同提问"，它可以给细化的行为增加深度，让孩子觉得它发生的可能性很高而且是可以重复发生的。

将来的梦想可以来自于过去的成功：

"我希望可以在中学里交到朋友。"
"告诉我你在什么时候交到过朋友。"

过去的失败经历可以成为将来的跳板：

"我四年级的时候是学校的霸王。"

"那么是什么让你决定要做出一些改变？"

与孩子交流时不可忽视的细节

间隙和停顿

大多数孩子都明白公平和轮流的原则，特别是在对话的时候。当你下一个问题和他们之前的回答无关的时候，他们会感到你没有倾听他们说话。他们也会明白，当你停止说话的时候，就是轮到他们来说了，在教练会谈中铭记这一点很重要。

如果孩子没有立刻回答我的提问，我常常会认为他们在思考，所以有时候我会用这个间隙来想一下接下来要问的问题。我可能会评价说"认真思考问题和回答问题是很好的"，然后面带笑容和期待的神情等待孩子的回答。在很多情况下，孩子会知道这个等待意味着轮到他们说话了。给孩子足够的思考时间让他们可以做出一些探寻，甚至找到他们以前从没想到过的回答，这对他们来说更加有用。如果你认为孩子对这个时间间隙感到不适，那可以将提出的问题换一种方式表达。比如孩子说"我不知道"，那你可以问"如果你不知道……"或"猜一猜……"或"你可能会怎么想？"也可以选择询问了解孩子的人，看在他们眼中这个孩子可能会给出怎样的答案。孩子通常比我们想象中更喜欢停顿，而停顿也往往说明我们的提问起到了作用，因为孩子在认真思考。如果孩子真的对停顿感到不适，那么可以问一些别的问题来缓解这种不适感。有些时候，保持这种停顿实现更进一步的沉默对孩子来说也很有用。焦点解决取向的问题是为孩子而不是教练准备的，我们不需要去做任何刻意的发现，而即使孩子没有回答，这些问题往往也能起到作用，因为他们可能会在之后再思考它们。

节奏

孩子往往喜欢被别人关注，特别是一对一会谈的时候，他们可以感觉到有人在倾听自己说话，有人会发现他们的能力、技能和自信，并愿意向对方表达他们的愿望和期待。因此，谈论他们能做和想做的事情会特别有动力。我曾经亲眼看到过一个孩子在一对一会谈时，开始释放自我并尽可能多地表达自己的想法。

但是，当孩子对谈论的事情不感兴趣时，他们的表现也很明显：转移视线、坐立不安，或是干别的事情，这会让他们脱离当前的对话，即使对话可能马上就会变得有趣。因此，在与孩子接触时，需要留意会谈的节奏。要清楚什么时候需要倾听，什么时候需要停顿，什么时候要去探索和等待回答，什么时候要加快节奏。孩子年龄越小，会谈时间越短；孩子年龄越大，会谈时间则相对加长。而当你的教练对象是青少年的时候，你会发现短时间会谈对青少年最为有效。很多会谈的时间是有限的，但是教练的效果不一定有时间限制。孩子可能会在会谈中实现一些目标，但是会有更多的进步是在会谈之外发生的。

清单

向孩子询问已经取得进展的不同事例可以拓宽和深入问题，将孩子的改变和自身的优势紧密结合，让这件事取得的效果看起来不像是因为运气才偶然发生的。要达到这一点可以用列举的方式提出问题。当你把事情一项一项列出来的时候，孩子通常都会给出很不错的反应。比如，在第二次及之后的会谈里，你将会发现他们对列举自己已经在最大期待里做到了什么事情很感兴趣。与其说"告诉我，你最近很高兴发现自己做了些什么"，不如说"告诉我 10 个，哦不，是 20 个你很满意看到的结果……"。特别是看到当你已经给他们准备好了纸和笔（或粉笔），或是事先制作好了的空白清单（详见第 8 章）来记录的时候，他们或许会认为这个清单越长，这样似乎就意味着可以越随意或不严肃地填写。清单越长同时也可以帮助孩子更好地去思考，得出更多的答案。对孩子来说，一开始就浮现在他们脑海中的回答往往不是最有用的，可能是第 20 件事情最有用，因为它隐藏得最好，而孩子会很高兴能这么做。

这个清单可能会非常长，我们可以用以下几种问题来深入或拓宽孩子对自己的长处/优点/进步的描述：

- 你（这个孩子）发现了什么？
- 其他人发现了什么？（多视角）
- 你在哪里发现这些变化的？（多情境）
- 俄罗斯套娃式提问：对一个答案进行追问来发现更多的回答。比如，"我是一个很好的朋友""告诉我5件事情，来证明你是一个很好的朋友"。

结束会谈

会谈持续的次数可能取决于你工作的环境，也可能取决于孩子的年龄和需求。根据时间及会谈本身的因素，你可能应该在终结与孩子的会谈之前提到以下内容：

1. 承认孩子经历过的困难。
2. 表扬孩子，这些表扬必须是恰如其分的，并和孩子的最大期待有关。孩子一般都能敏感地洞察到自己的优缺点，因此他们不会关注不切实际的赞美，而诚实的表扬会在他们的心里生根发芽。
3. 你的表扬要符合你的角色，不要表扬跟你身份不吻合的事情。
4. 你可以强调那些孩子提过的、让他们能够更好地实现最大期待的品质。

5. 强调孩子已经在做什么是有用的。

6. 提供"关注性建议（noticing suggestion）"，比如"我希望你能关注任何能说明你在量表上更进一步/取得进步/变得更自信（或是任何孩子希望从会谈中获得的东西）的事情"。有时，在结束会谈前，将孩子的注意力集中到这些问题上面是非常有用的，但是关注的问题必须比较宽泛，这样才会拥有无限的可能性。

有时候我会问孩子是否有什么特别想要从会谈中获得的观点或想法。和其他咨询取向相比，焦点解决取向的一些特性让结束会谈变得并不那么重要。结束会谈的方式可以有很多种，并不存在一种"绝对正确"的收尾方式。

在SFBC过程中，孩子和教练的关系十分重要，但是教练的关注点不在关系本身，而是在孩子的日常生活上面。教练关注的是孩子发现了自己生活上发生的改变，其他人也发现了这个变化，那么孩子会对其他人做出怎样的反应，而这样的反应又会带来怎样的影响。处在聚光灯下的是孩子自己的生活，而教练则在幕后。另外，改变的中介是孩子。孩子需要去决定自己想做的改变、改变的内容、可能发现的改变的迹象和取得进步的时间线。这样的话在孩子看来，教练就不是改变的核心，他们往往会对教练说："我是自己做到的。"在焦点解决模式中，教练变得越隐形越好。茵素·金·柏格将这些要点概括起来，（在私下的交流和会议中）建议从业者不要在来访者的生活中留下足迹。

因此，SFBC 的结尾也跟其他模式不太一样。有时候，孩子不参加下一次会谈就意味着教练已经结束了。焦点解决取向的教练会认为，这说明这个孩子已经清楚自己什么时候获得了足够的帮助，并相信他会在会谈以外的时间里继续使用会谈中学习到的东西。教练的关注点并不在于孩子是否结束了这场会谈，而在于他们是否可以继续自己的日常生活。

但是，即使我们强调了我们的关注点是孩子的生活而不是会谈，有些孩子在准备终止教练过程时仍然会十分棘手。有个孩子曾对我说："你问的这些问题，我听见了自己的回答，才知道应该怎么去做。那以后谁会再向我提问呢？"她说得很对，她自己已经拥有了全部的答案，因此接下来我们会讨论她怎么去问自己这些问题。

和其他取向一样，孩子能很快学会教练的提问"规则"。他们通常都会在开始下一次会谈的时候，已经准备好了针对"什么变得更好了"的问题的回答，或者在教练问他们量表问题时已经做好了回答的准备。运用焦点解决模式来应对生活中遇到的挑战会成为他们生命中一项很有用的生活技巧，他们会学会这个技巧，并在会谈结束时将它带走。

使用卡片、贴纸、清单和思维导图等素材（详见第 8 章）可以切实地提醒孩子他们自身拥有的资源，也可以帮助到那些无法面对会谈结束的孩子。有些孩子告诉我，他们会在卧室的墙上贴了卡片或海报来提醒自己拥有的优势和技能及取得的成绩。

会谈结束也是新的开始，有时候我会和孩子一起思考，什么是他们想坚持的、最重要的事情，这个过程可以帮助他们发现一些新鲜的事物。将一件事情的结束当成另一件新事情的开始，焦点解决短程教练也在初次会谈时就考虑到了如何结束。整个辅导过程是循环往复的，我们可能会发现熟悉的事物拥有全新的一面，而新的事物也会变得熟悉。这个观点在和孩子打交道时特别有用，因为这样可以同时满足他们对安全性和冒险性的双重需求。

案例分析

布兰达（Brenda），10 岁

布兰达是和妈妈朱迪斯（Judith）一起来的。朱迪斯发现她的女儿有时很不开心，在学校的表现也达不到她应有的状态，她为此感到担忧。

我们用资源谈话开始会谈，布兰达做了一个简单的自我介绍，说了她的爱好、喜欢的电视节目和运动。然后我给了她一些卡片，卡片上有一些活动、技能和特长，我让她浏览这些卡片并选择一些符合她自己的。

布兰达挑选了很多张卡片，她将卡片摊放在面前的地板上。这些卡片展示了她的特长、爱好和想做的事情。接着，朱迪斯主动补充了很多内容。母女俩都很惊讶，并由衷地喜欢这个活动。这个活动为发现布兰达的技能和优点提供了桥梁，是一项"热身运动"，还为我们接下来的对话奠定了基调。我们关注的是孩子拥有的资源，而不是他们身上的缺点。朱迪斯说，布兰达同意来参加会谈是因为她在学校里感到不开心，她说希望自己能变得更开心。我问她，你希望参加会谈之后生活中会发生怎样的改变，布兰达说她希望自己能在学校里更加自信。我们在这次会谈中花了大量的时间来探索布兰达怎样会知道自己变得更开心和自信了。她的想法包括：

- 我会和更多的人和睦相处，会和他们有更多的交流。
- 我会在课堂上回答问题。
- 我会在放学回家的路上告诉妈妈更多在学校发生的事情。
- 我会在学校里变得更加努力。
- 有时我会早点认错。
- 我会加快写字的速度。
- 我会长时间地集中注意力，以便我能取得更好的学习成绩。
- 我可能会在不害怕的情况下尝试一些现在还做不到的事情（比如游泳）。
- 我会更努力地练习橄榄球，甚至达到不错的水平。

我们完成了一些量表，首先是用根据布兰达的喜好程度排序的一些食物（10是比萨，9是巧克力和冰激凌，8是意大利面等）来总体评估布兰达的自信心和开心指数。布兰达用梯子来代表和学校的人及和妈妈对话的频率，用温度计来表示学习的努力程度、认错的次数和写字速度等。总的来说，布兰达在自信心和在校的开心程度上给自己打了4分，在分类量表上的得分要更高一些。在朱迪斯的帮助下，布兰达发现了很多她给自己打4分的原因，这个清单让她们俩都感到很惊讶。然后我问布兰达什么标志着她在量表上的得分提高了，她说："我到学校之后做的第一件事情就是和芮妮（Renee）打招呼并微笑。"（芮妮是校内很受欢迎的一个女孩，布兰达想要和她成为朋友。）

在第二次及接下来的会谈中，我们都关注到布兰达乐意看到自己在自信心和开心感方面发生的变化。我们列了一个很长的清单，上面包括了10~20项事情，这些事情有大有小，可能是她注意到的，也可能是别人注意到的。孩子往往喜欢谈论其他人注意到了什么，成年人往往会乐于给他们反馈，而这些反馈基本上都是表扬。威尔士先生（Mr Whales）是学校的一名老师，他发现布兰达在数学课和文学课上的注意力更加集中了；妈妈发现布兰达在努力完成家庭作业，芮妮对她早上的问候做出了回应，邀请她在课间一起玩耍；而橄榄球教练则发现布兰达在训练上更加刻苦努力了。

第三次会谈之后，布兰达认为她已经完全好了，她表示自己知道该怎么做了，一切都已经变得很好，因此不愿意再来了。朱迪斯也表示赞同，虽然她原本希望可以再预约一次会谈。但是孩子都是活在当下的，而布兰达有更多更好的事情要做：她要更努力地学习，更刻苦地打球和积极地交朋友。她已经发现自己对未来的期待中需要用到的很多技能都是她所熟悉的，而其他的技能也是可以慢慢发展起来的。

安娜（Anna），9岁

安娜的教练过程是她班级项目的一部分。在第一次会谈中，她表明自己的最大期待是能集中注意力在学习上面：在课上认真听老师讲课，完成更多的功课，在家里更快地完成作业。她最好的朋友第一个发现这些变化并告诉她："你干得很棒。"这让她感到骄傲并觉得自己甚至可以为此拿一个奖杯了。她在家里也有了更多的玩耍时间。

第二次会谈时，她发现自己能够完成更多的功课，对此老师也表示赞同。她完成功课的效率提高了，有时候还会在课上回答问题，因为她一直都集中注意力听老师讲课，这让她感觉更自信了。她还发现自己和其他学生的交流增加了，当中有一些甚至还不是她的朋友。安娜觉得她想要更多地表达自己，她发现了以前没有提到过的一些新的改变。如果之前她的注意力一直都局限于目标和行动计划的话，可能根本就不会注意到这些改变。而我们的做法与之相反，于是极大地拓宽了孩子改变的可能性。

在第三次会谈中，我们共同探索了对她来说更多地表达自己意味着什么。这包括：大声回答问题、在课堂讨论里勇于表达自己的观点、和搭档和睦相处。她和我一起表演了她和搭档的相处模式，比如她会如何直视自己的搭档（而不是眼睛一直看着别处）并帮助她。我饰演了她的搭档，模拟了他可能做出的回应。然后我们交换角色并发现了更多的细节。我也让她扮演了老师的角色，看看她会从中注意到什么，她模拟老师说出了："安娜，你和你的搭档都做得很好！你们的笑容也更多了。"在接下来的会谈中我们谈了谈这些事情对她的意义（"我变得更自信了一点"），以及她是怎么做到这一点的（"我告诉自己，不要担心别人的看法"）。接下来通过使用量表我们发现了更多的细节，比如在房间另一边也能听到安娜说话，和其他人有眼神接触，这都标志着安娜取得了进步。

在教练过程中，安娜总是需要思考一段时间才能做出回答。但是，她的每个回答都很精彩。与她的会谈总是提醒我要耐心等待，给她留出一些时间来思考。另一件有意思的事情是，她总是在量表上给自己7分或8分的高分，而这让我不禁假设自己可能错过了一些特例或成功的事例。这也提醒我对不同的孩子来说，量表上数值的意义也是不一样的，量表只是提供了一种谈论变化的手段。有时候，我发现其他孩子会给自己在量表上打一个令人惊讶的高分或低分，我很喜欢这些惊喜。

总结

孩子对教练的评价

　　对我来说,教练的体验棒极了。这些会谈一直在鼓励我,而我在其他地方都不能这么说话。它帮助我在教练过程中更流畅地说话,我不知道我在想什么,直到我把它用语言表达出来,事情似乎变得更好了。

　　当我告诉你我在做什么的时候,我其实会做得更多。

　　我喜欢这些会谈,因为我可以在这里谈论很多事情。我常常都不得不将这些事情憋在心里,但是在这里我可以畅所欲言,不论是好事还是坏事。

　　它能激励我去过自己想要的生活并在课上表现得更加自信。

第 3 章

给步入青春期的孩子多一点耐心

青少年是人们公认为最难打交道的一个群体。他们似乎一直在寻求自我、疲于应对同辈压力、寻找性别认同感、挑战权威等，而且他们喜欢对任何问题都回答"不知道"。

这个回答很常见，有时候你和青少年对话，他们的直觉反应就是说"我不知道"（至少当他们和成年人对话的时候会这样）。我们知道，有些青少年会不自觉地回答"不知道"，然后停下来思考答案。这是一个安全的选择，这样他们可以停下来思考一下实际上我是否愿意回答这个问题。考虑到他们经常被问许多问题，这可能也是一个机智的策略！比如：

家长：你去哪了？

青少年：外面。

家长：外面是哪里？

青少年：是一个地方。

家长：你和谁一起去的？

青少年：和人一起。

凯伦（Karen），14 岁

凯伦第一次会谈是在学校里。以下是对话的开端：

教练：你最希望从会谈里得到什么？

凯伦：不知道。

教练：你怎样知道它有效？

凯伦：不知道。

教练：你希望它可以带来怎样的结果？

凯伦：不知道。

教练（变得更绝望）：那你怎么知道这不是在浪费时间？

凯伦：不知道。

  一直到这里，她的所有回答都是一成不变的。我按照程序走，试图优先照顾到这个青少年的愿望和期待，但是我的努力都是徒劳的。有些人甚至认为，询问青少年他们想要什么是毫无意义的，大概是因为大部分青少年都不是自愿来参加会谈的，他们是为了其他人或被迫来的。因此，即使他们被问到有什么需求，即便他们自己不回答，大人们也迟早会告诉教练（通常是正确的）。

  在这种情况下，下一步要怎么进行就很清楚了。如果青少年是被迫来的，那教练就可以问他们，你为什么会被要求来到这里？虽然这通常也没什么效果，因为这会让他们不得不承认自己存在问题，那你可能会得到更多"不知道"的回答。解决这个状态更好的方式是询问青少年对他们而言最重要的人对这次会谈有什么期待。在上述例子里，我停下来思考了一下应该选择谁作为她最重要的人。我在思考，对14岁的青少年来说，生命中最重要的人是谁？

教练：你的朋友们怎么知道你来参加会谈不是在浪费时间？

凯伦：我不会那么不开心了。

通过这样的方式，这个青少年封闭的内心逐渐开始敞开。因为凯伦的回答比较消极，所以我尝试换一种方式来提问：

教练：他们怎么知道你不会那么不开心了呢？

凯伦：我会告诉他们。

这样，教练就获得了更多的信息。这时候可以提的问题很多，比如：你会在哪里和他们说话？你会说些什么？你会想第一个告诉谁？你告诉他们的时候，谁会最高兴？你怎么知道他们喜欢这样？这对你有什么影响？这些问题都能"放大"这个情境，帮助你获得更多的细节。而与之相对的一种方式是"缩小"，帮助你获得一个全景：

教练：你会告诉他们。还有呢？

凯伦：我会更专心地学习。

这个回答可能会让你感到惊讶，但是当你想到这个会谈发生在学校的时候，就觉得不足为奇了。

孩子其实很在意别人的看法

询问孩子第三方观点的问题非常有用，这一点你永远都不能忽视。显而易见，介绍人也是一个非常重要的角色，所以在上面那个例子中教练也可以询问："你的老师／导师／辅导员／父母怎么知道你来参加会谈不是在浪费时间？"当来访者对会谈里的任何人都始终回答"我不知道"的时候，教练可以逐一问一遍。根据我的经验，我们最终都会从其他人观点（其他人想要青少年改变什么）里得到一个答案。但是，如果青少年还是说"我不知道"，那我们只能向他们提议推迟会谈时间，直到我们能获得第三方观点。这时候，可能就需要邀请介绍人（或对此事最为关心的人）一起来进行三方会谈。有一次，一个老师陪着一个12岁的孩子来参加会谈。当我问这个青少年他最期待什么的时候，他回答说"我不知道"。这让我感到非常惊讶，因为一般来说，介绍他过来的成年人在场的时候，青少年往往会抢着告诉我什么是他们的最大期待。我接着问："你认为史密斯先生（Mr Smith）对这次会谈的最大期待是什么？"他也回答"我不知道"，这让我更加惊讶。也许这个青少年认为教练迟早会越过他和他的老师来讨论他的事，因此他只需要等着我去问他的老师。当然，我没有别的办法了只能这样去做。很明显，我们让青少年先回答是因为这样可以给他们一个机会为自己说话。这个行为表示我们真诚地希望能听到他们的观点，这样即使他们不回答，我们也已经表明了对他们的重视。无奈之下我们只能从介绍人的愿望入手，不过我们还是随时准备去发现青少年自己的愿望。我们可以问他们"老师希望看到你们做什么"，然后问"你觉得这样好吗"，并追问"这对你会有怎样的好处"。即使他们只是说"他们不会再跟我啰唆了"，也是一个良好的开端。"他们不再啰唆对你来说有什么好处？会给你带来怎样的变化？"这样我们就会突然发现，这个青少年开始变得有动力了，他开始期待事情发生变化。

艾哈迈德（Ahmed），14 岁

一个叫艾哈迈德的 14 岁男孩被老师带进会谈室，老师发现他在走廊里游荡，而不是准时赴约来见教练。我问他，你最希望能从会谈中获得什么，他回答了一堆"不知道"和"不清楚"。然后我问他："你的介绍人也就是你的学业导师希望看到什么？"艾哈迈德说："我不会再在走廊上跑来跑去。"

教练：那你不再跑来跑去了，你会做什么呢？
艾哈迈德：可能会和朋友聊天，或者好好走路。
教练：除此之外，你的老师还会看到什么？
艾哈迈德：我不再大喊大叫。

教练：你会和朋友正常说话而不是隔着走廊朝对面喊？

艾哈迈德：是的。

教练：那你不隔着走廊喊的话你会怎么做呢？

艾哈迈德：我会走到这个人身边。

教练：我知道了。如果你想和谁说话，你会走到他身边而不是朝他大喊大叫。

我一直在重复听到的内容以确保我的理解是正确的，然后我问艾哈迈德他的朋友是不是会对他这个行为的改变感到惊讶，他说有可能会。

教练：他们会为此感到高兴吗？

艾哈迈德：可能吧，他们曾经说我吵得他们耳朵都疼了。

我觉得这代表着一个转折点。虽然在这一刻我们还不清楚艾哈迈德提到的这些行为上的变化究竟是因为别人对他的期待（比如有多少次别人告诉他"别喊了！""别跑来跑去了！"），还是他自己想要做出的改变。但是朋友要他保持安静这一点就告诉我们，艾哈迈德自己真正想要的改变的目的是让他的朋友们开心。

教练：如果你不再让别人感到耳朵疼，不再在走廊里大喊大叫，会给你带来什么好处？

　　艾哈迈德：不会再惹麻烦。

　　这是一个让人担忧的青少年给出的经典回答。如何推动他们去改变行为呢？大部分时间他们要么觉得自己做的事情是对的，要么觉得自己的行为不会妨碍到他人，因此没有任何动力去做出改变。但是，如果改变之后能让他们的生活减少一些烦恼，他们就会产生动力。在艾哈迈德的例子里，他的行为导致他要被监控，老师会在他的报告单上为他每节课上的表现打分，然后让他母亲每天在上面签字。很有意思的是，艾哈迈德在会谈中从没有提到他在课上出现过哪些问题。

　　教练：听起来你很想摆脱这些报告单，为什么呢？

　　艾哈迈德：我觉得这太烦人了！

　　教练：如果你不再需要在报告单上报告你的表现，你的父母会高兴吗？

　　哈迈德：当然了。

　　教练：他们会说什么？

　　艾哈迈德：我不清楚。

　　教练：你怎么知道他们会感到高兴呢？

　　艾哈迈德：他们会给我一些奖励，比如给我零花钱，我就可

第 3 章　给步入青春期的孩子多一点耐心

以买糖果和其他我喜欢的东西。

整个会谈持续了 12 分钟，但已经足以在我没有给出任何建议的时候，让艾哈迈德了解到改变自己的行为会给自己带来一些实际的好处。在第二次会谈的时候（同样，他不是自己主动而是被别人带来的），我们了解到他已经开始逐渐摆脱报告单了。

多给孩子一些时间和空间

无论教科书或者本书说了些什么，SFBC 的过程都不是一片坦途，下面这个案例就很好地说明了这一点。

珍妮丝（Janice），16 岁

珍妮丝是一个 16 岁的"受监管儿童"，和她一起来 BRIEF 的是她所在机构的负责人玛利亚（Maria）和儿童护理专家凯西（Cathy）。她们迟到了整整一个小时，因为珍妮丝没按时到达和玛利亚约定的地点。我问她："在我们开始会谈前，你有什么问题吗？"她说："你只是和我聊天罢了，这样能帮我什么呢？我妈妈也能跟我聊天，我家人和玛利亚也可以，我根本看不出来这有什么用。"我向她解释这种教练模式的效果已经得到了证实，而我也会尽力去帮助她，但是并不能百分之百保证。然后我问她过来见我最希望达到什么目

的，她耸耸肩说："不知道。"我换一种方式提问，但依然没有效果。想起她刚刚说她会和妈妈聊天，我问她："你妈妈怎么知道来这里是有效的？"她说她妈妈觉得她"一切正常"。我试着追问她妈妈的愿望，但是珍妮丝开始变得很烦躁并拒绝回答。因为是凯西预约的这次会谈，我转而询问珍妮丝什么是凯西对她的最大期待。在几个"我不知道"之后，她说："我想，应该是上大学、接受留校察看，不记得其他的了。"这时我们的工作似乎步入了正轨，可以建立"契约"了。我问她在大学想学什么，她说："儿童护理。"我还试着去了解我们是否还需要探讨留校察看的问题，她不是很确定。这时凯西加入了对话，她说："这些都是她应该去做的事情。"然后我们继续讨论上大学的问题。

教练：你想上大学是吗？

珍妮丝：这是我想做的事情之一，但是我懒得去做。

教练：你想上大学，但是懒得去做。那么我觉得你是想要上大学的，这样理解对吗？

珍妮丝：我早上醒来的时候，都想做一些自己想做的事情。

接下来她开始抱怨她被要求做很多事情，比如"接受留校察看"，以及她"受够了一直要妥协和让步"。

教练：所以你希望将来这些都变得不一样？你想不想早上起床之后能做自己想做的事情？

珍妮丝：当然希望能这样了，但我不想被打扰，这样让我觉得很疲惫。

教练：所以当你感到累的时候，你真正想要的是早上醒来之后能做自己想做的事情。

珍妮丝：是的。

教练：你不得不做自己不想做的事情，这种情况持续多久了？

珍妮丝（打断教练的话）：一直都是这样。

教练：你感到很累，不想起床，这样持续多久了？

珍妮丝：差不多4年。

教练：差不多4年了。那么你希望的是，能上大学、自己不会感到累，这就是你生活中的重大转变。

珍妮丝：没错。

教练：好的。

接下来，我转向凯西：

凯西：我希望今天可以帮助珍妮丝做她想做的事情。她的创造力非凡，每次我们见面的时候她都在表现她的创造力，刚开始的时候只有一小部分，一个小时之后你会发现很多的惊喜。珍妮丝说希望能上大学去做一些有创造性的事情，因此我期待今天可以有一点小进步，稍微鼓励一下珍妮丝让她可以继续前进。

珍妮丝（打断对话）：人们每天都在试图干预我、治疗我，我只是希望有一些属于自己的安静的时间可以去思考。

我没有着急说"好"，而是转向玛利亚，问她对会谈有什么期待。

玛利亚：我希望她对自己做的事情感到开心，这样就可以坚持下去。就如她所说的，早上起床后，做一些自己想做的事情。这样她就会有动力，那么其他事就好办了。比如今天到这里来，她原本是拒绝的，但是一旦她来了并参与了，就很不错。

教练：好的。

玛利亚：所以我希望她起床之后就会立马行动，而不是一直拖拖拉拉。

珍妮丝（打断对话）：我觉得大家对待我的方式好像我不正常似的，可我的性格就是这样，我只是懒。

玛利亚：我不认为你懒。

珍妮丝：但我早上总是不能安安静静地睡会儿觉。

教练：这么说你不是一个喜欢早起的人？

珍妮丝：不是，如果可以的话我希望能一觉睡到下午四点。

教练：这是你自己希望的？还是其他原因？

珍妮丝：我想知道，这为什么不行呢？

教练：是的，你说了你想要随心所欲，可以做自己想做的事情。我还是对你想上大学这件事情感到好奇。

珍妮丝：如果有所大学，有经济资助，那我当然会去了。我去年就这么做过，并且头两个月我表现得还不错，然后他们因为迟到的问题把我从课上赶了出去。

教练：所以你曾经上了两个月的课！现在你还想再尝试一下？

珍妮丝：是的，我当然想了，我可不是笨蛋。

教练：你并不想当一个笨蛋。

珍妮丝：当然不想！

教练：从刚才的对话中我发现，你是一个非常有创造力的人，你很有天赋。开始对你来说非常重要，可只要你开始行动，你就能完成它。你想再尝试一次大学生活，这对你来说很重要，因为你不想当笨蛋。

我逐渐感觉我们取得了一些进展，已经发现了她的动力所在，现在我开始思考如何通过关注上大学这件事情来稳固我们之间的契约。我觉得可以去探索一下她想要的未来：课程进展顺利，坚持上完一个学年。我决定把会谈的重点放在新学期的第一天（这次会谈发生在八月，对她来说大学还非常遥远）。

教练：大学的第一天是什么时候？

珍妮丝：我可能上不了大学。我需要做一个评估，在上学之前必须完成。

玛利亚：评估就在本周六。

珍妮丝：所以我可能上不了大学了。

这出乎我的意料，我突然开始怀疑她是不是能选到课。

教练：你需要完成一个评估才能上大学，时间就在本周六，那你准备好了吗？

珍妮丝：我不想但又不得不做，因为我不想成为别人的负担。

这时我需要做出一个决定，我可以无视评估这件事继续讨论如何顺利将课程继续下去，或者以她上大学为重点，帮助她努力去完成那些上大学前必须完成的事情。但最终我还是决定关注评估，因为这件事迫在眉睫。而且我不太确定，谈论一些很遥远、还不知道能不能发生的事，她还是否愿意参与进来。我问她对这次评估的把握，她说感觉自己这次比以前更笨了。我问她有多大的信心可以上这门课，她回答说："大概有45%的可能，不对，是100%！"（她主动回答，而且我没让她提供数字）。我问她怎么会这么肯定，她说"也许他们会喜欢我"，即使她的测验成绩并不比前一年高。我问她,在我们会谈的这天(周二)和周六之间,她会为评估做哪些准备,她说这无关紧要"都是在浪费时间,我不喜欢浪费时间",这促使我改变方向去询问她周六的事情。

教练:设想一下,你周六早上醒来之后,发现这是你状态最好的一天,你怎么知道自己会做到最好?

珍妮丝(向后靠,打呵欠):我不需要知道,毫无疑问我会尽最大的努力。

教练:换一个说法,周六那天玛利亚怎么知道你都准备好了而且状态很好?

珍妮丝:因为我自己已经准备好了。

教练:好。那会是周六上午几点?

珍妮丝:我需要10点到那儿,那么9点,我不知道,8点或者7点?

教练:你希望她几点见到你?

珍妮丝:6点。

但是,玛利亚那天并不值班。于是我问那天早上的工作人员怎么知道珍妮丝的状态最好,珍妮丝说:"那个工作人员不认识我,她不会知道的。"因此,我接着问她怎么知道自己处于最佳状态,她说那时候她有充足的睡眠,而且会主动思考。但是她接着说:"在做之前你永远都不会知道自己是不是处于最佳状态。"之后我让她给那一天打分，用 100% 代表目前生命中最重要的一天，而 0 正好相反（她之前用过百分数）。她说"100%"，这给我留下了深刻的印象。她解释说她希望能像她的兄弟一样去上大学，然后我让她对自己拼尽全力完成学业的信心打分，她给了 45%，我问她为什么会有这么高。这时会谈到了结束时间，我无法更深入地和她探讨问题。比如，如果她在周六那天表现良好，会给她的朋友带来怎样深刻的印象，就像上面对话的片段说的那样，我们这次会谈更倾向于大刀阔斧的改变，而不是第 1 章提到的焦点会谈的风格。

因为让珍妮丝来 BRIEF 会面很困难，玛利亚和凯西决定不再预约后续会谈。但是，第二年的四月一号我收到了一封来自凯西的电子邮件："我想让你知道，珍妮丝觉得去年的会谈非常有效，这是她的评价：'我不清楚这个人（教练）到底做了些什么，但是谈完之后我感觉更开心了，并且成功去上了大学。'"

细微的改变也是孩子在努力的证明

乔西（Josh），15 岁

另一个案例验证了焦点解决模式一个很重要的原则：变化始于来访者生活中的每一个细节，但这些变化并不一定和他要解决的问题有直接关系。

乔西是一个 15 岁的男孩，他和母亲贝斯（Beth）一起来参加会谈，因为从复活节假期开始他就不去上学了。在第一次会谈开始的时候，我问他希望从会谈中获得什么，他说："我希望经常去学校，并一直坚持。"那天是周五下午，因此我问他"明日问题"，从下周一上午开始详细地探索他期待的平时（要上学的日子）是什么样子的，并讨论他去学校会给自己、家人、朋友和老师带来怎样的影响。然后，我们看了看他的行为在进度量表上分别处于哪个位置。他说他走进BRIEF的大门时是3分，但是"聊天之后，一切都变得更好了"，现在自己处在"5分或6分"的位置。我们深入研究了一下他打分的依据，我没要求他在量表上获得更高的分数，但是根据他对"经常去学校"的回答，我问他有多大的信心下周至少有一天会去学校，他说"9分"，然后我们约好一周后再次碰面。

但是几天后贝斯打来电话，告诉我乔西还没去上学，她要求将下次会谈的时间提前。他们到了之后，我告诉乔西我能理解他还没有去上学的感受，我也承认了贝斯的失望。但是我更感兴趣和想知道的是上次见面后他们有没有注意到一些微小的变化。他说："是的，确实发生了一些变化。"乔西开始和家里人一起吃早餐，和妈妈聊天的次数也增加了。我问他有没有思考过这些事情说明什么，他说："我喜欢有些事情变得不一样了，改变是很好的，这说明并不总是在发生坏事。"他妈妈说这些都是好的迹象，给他们带来了希望，而且他们的关系也得到了改善，他们争吵的次数明显减少了。然后，我们又看了一次量表，现在还是"4分或5分"，但是周末是"8分或9分"。他仍然坚信自己下周会去学校（8分），于是我又问他上学会给他的生活带来哪些改变，他说："我会感到自豪和开心，有成就感，轻松……"我又转向贝斯，问她在周末看到什么事情意味着乔西下周很可能会去上学。我还问了乔西他的朋友会注意到什么，他态度坚决地表示自己不会回答这个问题，他宁愿继续做自己的事，也不想谈论这个问题。我承认他承受了巨大的压力，但我也发现他的意志力很强。他表示认同，然后我们探讨了如何发挥他的这个优点。他提到了"逼自己"去做喜欢的事情，比如增加运动和外出见朋友的次数，做一些打扫、清洗和烹饪的家务活。

最后，我们约好两周后再次会面。在下次会谈的当天，贝斯打电话过来取消了会谈，因为乔西已经回学校上学了！

贝斯对儿子不去上学感到非常担心，这是完全可以理解的。在她打电话给办公室咨询并预约初次会谈的时候，她甚至问我们是否可以上门，因为她觉得很难让乔西离开家门去 BRIEF。虽然我没有忽视乔西上学的问题，但是我避免了询问和上学有关的具体事项。在第二次会谈中，我承认他承受着来自学校、朋友和家人要他上学的巨大压力，但我强调的是只有他自己才清楚什么时候是回去上学的最佳时机。在这期间他可以做其他事情，比如那些对他的生活来说同样很重要的事情，这也是很好的方面。我在这次会谈中一直坚信没有人会一直处于问题之中无法改变，总是会有一些成功的迹象，不管是多么细微的部分。如果没有这个信念，我可能就会根据贝斯那通悲观的电话在会谈中一直担心这个青少年身上不会发生任何改变（毕竟这是不能百分百确定的事情），而且可能会修改我们的契约（比如关注他们如何应对将来他不去上学的问题）或干脆放弃。这个案例的成功并不是因为知道他不去上学的原因（他们从没提到过这些原因，我也没有问过），也不是因为关注了他能让自己继续去上学的"必需的步骤"，而是关注了他生活中改变的每一个细节，即使这些改变和他要解决的问题并没有直接关系。

当局面无法得到改善时及时求助

有些青少年会陷入一种感觉无力做任何事情的困境。对此我们也应该明白，面对糟糕的情况有好的解决方式，也有不好的解决方式。但是，如果来访者提到的他们的应对方式对自己或他人是有害的，比如割伤自己、酗酒甚至吸毒，那么这就给想要保持不评价的教练带来了极大的挑战。我们对青少年具有"照顾的义务"，在这种情况下还保持中立的态度是不合适的，这时候我们需要进行"评估风险"，或者将他们转介给能处理这些问题的专业人士。如果青少年不清楚他们的所作所为是有害的，教练就必须及时告知，并根据得到的回复决定是否需要向相关部门报告这个问题。但在大多数情况下，青少年都很清楚他们所做的事情会带来的相关风险，他们周围的成年人一定也提醒过他们无数次了。在这种情况下，青少年是不会听从教练对他们的告诫,我们可以说:"你做×××一定有充足的理由。"如果来访者被问到:"做×××对你来说有什么好处?"这种问法既尊重了他们的自主性,又表达出你知道他们并不是傻瓜,还可以帮助你去了解他们想通过这种行为获得什么。自残的青少年往往会说,这个行为能让他们更好地应对现实。有一个来访者说"我割伤自己,这样我就不会感到痛苦了",这种痛苦是指精神上的。接下来教练就可以开始和来访者讨论更好地应对现实会给他们带来怎样的感受,然后询问来访者是否知道有其他方式可以自我安慰(在恰当的时候可以提供一些建议)。这种做法并不能保证青少年不会再自残(习惯性的行为通常都会有反复性),但是这比说教或其他方式都要有效。

特妮莎(Tannesha),16 岁

特妮莎是一个 16 岁的女孩,和母亲及姐姐一起生活。第一次会谈,她和母亲(因为工作的原因她无法留下来参加 BRIEF)一起过来。特妮莎在会谈开始时告诉我,她最希望通过教练辅导可以让家里的情况变得更好,因为她总是和别人吵架,这让他人感到不愉快。我像往常那样直接切入"明日问题",但在我说完之前,特妮莎就打断了我,她说:"这全都是因为我抽大麻。"我开始和她讨论,她希望能从会谈中获得什么,她说:"我希望能减少吸食的次数,都是因为抽大麻才把一切弄得一团糟。"根据这一情况,我将她"期待的未来"这部分加到了"明日问题"里去，并继续询问她之后的生活。特妮莎绘声绘色地给我形容了她期待的未来生活，她表示如果她醒来的时候"感到新鲜，不会被那种幻觉控制"（她用来形容不吸大麻时的反应），那么她就会早起，可能会跟姐姐和母亲好好说话，并按时到达学校。她描述了期待的未来中一天的经历，还提到了她抽大麻的两个朋友，以及其他不抽大麻的朋友，还有她希望的和朋友们的关系。最后我问她，现在你在量表上能得几分，她说："3分。"

教练：你是怎么得到3分而不是0分的？

特妮莎：我没进监狱！也没被学校开除！这是最关键的两点。而且我也没因此失去谁。好吧，我似乎失去了我的家人。

教练：所以你在这个过程中失去了一部分家人但不是全部，因为你母亲刚才在这里，我看见了她，她是和你一起来的，所以她还维系着和你的关系，对吗？

有时鼓励来访者"发现积极面"可能是个错误。

特妮莎：不，她来只是因为她觉得我自己不会来。这并不是说明她在乎我，她只是在试图控制我，因为她不信任我。

教练：所以这不是你想要的方式。你不希望她对你失去信心。你觉得，你得到3分是因为你还没有失去所有的家人，那你怎么维系你们之间的关系呢？

特妮莎：我有时尽量好好表现。

教练：来说说你是怎么做的。

特妮莎：这很复杂。我自己也想变好，但是我想变好的原因是我想得到一些奖励。

这里特妮莎形容了一下在她"遵守规则"时，她母亲会带她去逛街。一旦她表现差的时候，她就失去了逛街的机会。即使她自己去逛街了，也会忍不住想"我这么做是不是只为了出来瞎逛一次"而不是真的为了她自己。在她的描述中，我们可以看到青少年经常会有的典型矛盾。

教练：你能不能回想一下，你最近有没有什么时候是真的为了自己，而不是为了奖励去做事情？

特妮莎：从来没有过！我有时候试着好好表现，但是我做不到。我控制不住去抽大麻。如果我吸了大麻，我就会迟到，我妈妈就会很生气，会对我说："你别想再得到奖励，我告诉过你规则。"接着我们开始争吵，最后我离家出走。

这里她用图画来描述她和母亲之间错误的互动方式，我尝试继续探索。

第3章 给步入青春期的孩子多一点耐心

教练：最近，对你来说最好的一天是哪天？你说过有时候你会尽力而那天就会变得不错，可以给我举一个例子吗？

特妮莎：我不知道，我不记得了。当你总"发火"的时候，你就不会记得这种时候了。

我这时才知道"发火"是抽大麻的意思，而不是真的向别人发火，我注意到了这之间的差异！

教练：即使不能特别肯定，试着回想一下如果有这样的一天。

特妮莎：好吧，这取决于我睡了多久，或者抛开睡眠时间，当我醒来时是神清气爽的时候也不错。我姐姐也不会吼我（之前她说姐姐会吼她起床上学），那我就会感到很高兴。甚至人们在学校里惹恼我的时候，我也会保持良好的心态。

教练（插入对话）：好，所以一天中有很多事情都可以让你开心起来。我们回来看一下你在量表上给出的3分（这时我总结了一下她目前告诉我的事情，从她说没进监狱那部分开始）。

特妮莎：好吧，大家不觉得我是个瘾君子。

教练：他们因为什么这样觉得呢？

特妮莎：我能好好地照顾自己……

她提到她会注意自己的外表，尽量让自己看起来"精神焕发"。

教练：哇，棒极了！我要把它记下来。我想知道，有哪 20 件事情让你给自己打 3 分。我差不多已经知道 7 件或 8 件事了，我都记录好了。

特妮莎：20 件事？

教练：是的，让我看看现在有几件了（我数了数列表，一共有 7 件）。那我们继续。

特妮莎（用手支着脑袋）：我还能想到什么呢？嗯，就像，我新认识的一些人不会觉得我很糟，因为即使我遇到了麻烦也不会表现出来，即使很生气也会保持微笑。

教练：你怎么做到这一点的？你怎样在遇到麻烦的时候也不表现出来？

特妮莎：我只是不得不这么做，第一，我不想让她担心；第二，我不知道，我可能只是想忘记它。

教练：好，我在这里写的是"我不想让她担心"。

询问 20 件事在我看来有点难，但继续问"还有什么呢？"这种持续提问是焦点解决取向的教练都会做的事情，因为这会进一步挖掘需要的内容。如果我真的感觉到她列举不出 20 件事情，我可能会给出一个比较低的数字，比如 17 或 15，以免数字太低了让她感到改变得太突然。毕竟，谁都不希望这个数字太低！有一次，一个 16 岁的男孩，他患有阿斯伯格综合征（Asperger's syndrome），我请他找出在上次会谈之后他注意到的 10 件正在改变的事情，本来觉得他找不出 10 件事，可最后我写到了第 12 件。在之后的会谈中，这个青少年说自己在这一周里过得很不好，但是他又问："我们还需要再列举 10 件事吗？"我当然表示同意，虽然这次我们只找出了 7 件事，但是这也让他的脸上露出了大大的笑容。虽然没有达到预期的 10 件，但也很不错了。

  和特妮莎第二次会谈开始的时候，有些出乎意料。我问她："从我们一周前见面开始，有什么在变好吗？"她说："什么都没有。"我并没有感到惊讶，我让她回想了一下我们上次见面之后的那几天。我这么做是因为在大多数情况下，来访者往往在每次会谈之后立刻就有进展，然后情况有可能开始出现倒退。特妮莎说："我试着在某一天好好表现，但是事情又变糟了。"我正准备问她是怎样至少保持一天良好表现的时候，她用一种神秘的语气说："今天是第三天。"我等着她继续说，但是她没有说其他的。我问她："什么的第三天？""不抽大麻的第三天！"她笑着说。她的笑容让我确信这不仅对我来说是好消息，对她来说也是如此。我就如何保持不"发火"问了她几个问题，她在回答时表现得对自己越来越满意，然后我跟她握手表示祝贺。

  遇到滥用药物和酒精的来访者时，不妨问他们"你是怎么抗拒这些诱惑的？"这是密尔沃基团队原创的问题。在特妮莎这个案例里，这个问题并不是很必要，因为她可以清楚地辨别在不抽大麻的时候自己行为上的改变。特妮莎在量表上的得分提高了很多（7分），她在下次会谈时又取得了很大的进步，并且觉得自己的家庭关系也得到了极大的改善。

如何引导失去亲人的孩子走出阴霾？

有时候教练会接到转介过来的，最近或在会谈期间失去亲人的青少年。

失去亲人并不是一个可以解决的"问题"，但这又是每个人生命中都会经历的。教练最好先听听青少年怎么形容自己的这段经历，如果他们长篇累牍地描述困难和痛苦，那么这样做就不是"解决取向"的做法了。我们可以问青少年"你希望在会谈中说些什么"，青少年通常都清楚地知道他们不想谈论发生过的事情，如果你一直把注意力放在这里（或是按照更传统的咨询取向那样去询问他们的感受）便毫无价值。即使他们准备好了要谈论和失去亲人有关的事情，也常常会说希望教练能帮助他们继续好好地生活下来。一个15岁的男孩在三周前失去了他的父亲，他说自己来参加会谈是希望提高自信。我们讨论了一下这会给他的生活带来的改变，以及怎么可以帮助他实现这一点。他说他父亲热切地希望他能成功，而他希望能向父亲展示自己可以做到这一点。另一个12岁的男孩，母亲在三个月前因为癌症去世了，他说想要在学校里变得更加自信，同时减少自己放学后留校的次数。

如果来访者想在会谈中谈论自己的经历，我们要做的是聚焦在他们应对这些经历的策略上。有一个16岁的男孩在短短几个月内先后失去了双亲（一个死于癌症，另一个死于心力衰竭）。他在会谈中回顾了自己的应对方式，获得支撑的来源，在他状态还可以（他的睡眠很差，早上很难起来）的时候如何让自己去学校，及他如何控制自己的愤怒情绪。偶尔反思后，他会觉得父母会很高兴看到他在尝试继续完成他的学业及照顾其他家庭成员等。

学会认真聆听孩子们的观点

青少年非常善变，当他们用成年人的说话方式时，会让教练觉得他们在和一个小孩子对话。因为他们的交谈原本进行得很顺利，然后突然这个青少年的表情变了，开始打呵欠、转移视线或是坐立不安等。面对这种情况并没有百试百灵的应对方法，有时候教练会无视这些行为，因为只要来访者继续回答问题，那我们就不需要去判断他们的注意力是否集中。比如有一次会谈的时候，那个青少年一直在屋里走来走去，边走边踢纸球，我们会选择忽视他这样的行为。有些时候，我们需要直接询问他们是否还想要继续会谈，或者他们有没有在倾听。有一次我甚至能听到一个男孩耳机里传来的音乐声，我问他是否介意关掉音乐，他说："什么音乐？"我说我能听到他的耳机里传来的音乐声。他顿了顿，集中注意听了听，惊讶地说："还真的有！"然后关掉了音乐。

教练对这些情况的处理取决于他们自己对某些行为的容忍程度。有一次，我注意到一个女孩开始打呵欠并转移视线，虽然她还在继续回答我的问题，但是她回答的内容越来越简短，因此我决定加入一些不一样的问题来提起她的兴趣。我用"焦点解决自我审查（SF self-supervision）"的视角问自己，什么样的问题可以提高她的参与度呢？然后我想到了量表问题。幸好这个方法对那位女孩起到了作用，她又将注意力集中到问题上了。但我们要知道这种方法并不总是"奏效"，有时候因为尝试了不同方法之后仍然毫无进展，我就不得不提前终止会谈。不过在后续的会谈中我发现还是能取得一些进展，因此每次会谈的时间长度并不是那么重要，良好的参与度才是关键。

在和青少年的谈话中，我们学到的最重要的一点就是要学会倾听，并善于发现能体现他们良好创造力的蛛丝马迹。曾经有一位青少年告诉我，他是如何成功做到早起的，"我把手机闹铃设置成一首我不喜欢的歌"。不得不说，这个做法还挺有新意的。所以说青少年的脑子里，总是会冒出各种新奇的想法，他们的创新性和创造力可能在不经意间就被触发。这都需要教练耐心去发现、去谈论这方面的问题，从而激起青少年的兴趣。这样一来，会谈过程也会更有效。

第 4 章

简单又复杂的亲子关系

影响焦点解决实践发展的一个最重要的基础因素就是系统论思维，特别是系统中一部分人的改变会带来其他人改变的这一观点，家庭治疗来源于此并有了进一步的发展。于是当儿童或青少年是"公认的患者"的时候，与他们的家庭成员见面也是很有效的，甚至有些教练坚持要求全体家庭成员都参与治疗。焦点解决取向的教练不会用系统学理论来解释人类行为，他们利用的是这个理论更为实际的应用价值，一个难以反驳的观点：我们的行为会影响周围的人。因此，即使教练只注意到了孩子们在学校的表现，家长也会报告说他们在家里的表现也变得更好了。生活中某个方面的改变几乎都会影响到生活中其他看似不相干的方面。它的实际价值是：就算孩子拒绝参加会谈，我们也可以和家长或老师一起合作。因为成年人，无论是家长、老师还是其他专业人士，往往都希望儿童或青少年做出改变，特别是常常拒绝按照计划来行事的十几岁的青少年。一旦我们承认家庭内部和学校内部相互影响的力量，孩子是否出现在教练的现场就不是那么重要了。

父母和孩子之间的影响是相互的

焦点解决取向的教练都执有交互影响的观点。如果孩子抱怨父母让他在指定的时间回家，我们不会急着告诉他去妥协或者询问他不能遵守的原因。相反，我们会问他，如果家长允许他在外面想待多久就待多久的话，会给他带来怎样的改变。这样问不代表我们支持他的举动，而是因为我们希望能有一种方法让他知道，解决和父母的矛盾之后，他们之间的关系会得到怎样的改善。他也许会说自己会变得更开心，然后我们就会开始询问他一些带有交互性质的问题，比如他的父母怎么会知道他更开心了？他们知道之后会受到怎样的影响？他会怎么应对父母行为的改变？我们会发现最后他的回答可能会说，他和父母不再发生争吵，会一起聊天和互动。我们的目标是让他详细阐述相互影响的行为，以此来建立影响链。如果我们的谈话对象是抱怨孩子不着家的父母，我们会遵循同样的提问方式：如果他在规定的时间前回家，这会给他们带来怎样的变化？他是怎么知道这一点？他会怎么回应父母，父母又会给他怎样的反馈？我们可能会发现这两种角度殊途同归，父母和孩子都会说他们不再发生争吵，会一起聊天和互动，等等。这样做的好处在于，即使像上面的例子那样看上去像是一方在抱怨另一方，而最终的结果是被抱怨的对象也成为解决方案的一部分。值得注意的一点是，教练自己不能陷入诸如青少年几点回家这样的细节当中，因为这是争吵的核心所在，一旦陷进去就很难出来了。相反，教练需要跳出条条框框来思考和寻找解决方法。如果教练成功地改善了亲子关系，那么很可能他们自己就能解决青少年到底该几点回家这个矛盾。

桑德拉（Sandra）和切西（Tracey）

面对父母和他们的孩子，教练最常被问到的一个问题大概就是：如何调解他们之间发生的冲突。有这样一个例子，一个社会机构转介给我一位 15 岁的女孩切西，她一直被地方当局收容，因为她和母亲以及她母亲的男朋友相处得非常糟糕。当事情发展到糟糕透顶的地步时，她就会离家出走。出走几天后她会去她的父亲家里，再一直住到他们也开始吵架，然后再离家出走。最后，警察会把她送进收容所，直到她回到母亲家里，如此循环。

切西和她母亲桑德拉一起来参加会谈，在她们坐下来之前我就能闻到她们之间的火药味。桑德拉抱怨切西拒绝去上学，她总是和比她年纪大很多的无业男友待在一起（社工调查过他们这段关系）。当我提问"奇迹问题"的时候，桑德拉说切西会在 7：30 穿着学校制服下楼来吃早餐。很快切西就开始插嘴，这种突然插嘴的情况并不少见，特别是在会谈前期来访者之间还"争吵不休"的时候，我们会选择尽量忽略这些干扰。我继续鼓励桑德拉谈论切西回到学校之后带来的改变，她说她们在一起的时光会变得很美好，可以一起聊天、看电视和逛街。十分钟后我转向切西，问她期待的"奇迹"一天是怎样的。她说会在十点起床，这时候桑德拉又开始插嘴。我再一次鼓励切西述说那时她和母亲之间会发生的事情，她接着描述：首先会给妈妈泡一杯茶，她们会一边抽烟一边聊天，然后她们会一起出门逛街。正如我之前预料的那样，她们形容的更好的未来出现

第 4 章 简单又复杂的亲子关系

了交集，这时屋子里的气氛也变得不一样了。空气中弥漫着更多的是她们对彼此的爱和感激，仿佛暂时"遗忘"了之前的矛盾。当她们越意识到母女关系中积极的部分，就越可能自己找到方式来解决冲突。

这是 SFBC 的关键之一：关注一段关系中过去和将来的积极面，比直接解决冲突更为有效。通过重建这种关系，我们正在帮助父母和孩子寻找如何用各自的方式去解决问题。对于桑德拉和切西的例子，我很能理解这位母亲的担忧以及她渴望得到我支持的心情，但同时我也在努力避免自己陷入她们的争执之中，我关注的是她们关系中的可能性，希望她们可以自己找到解决的办法。

桑德拉和切西预约下次会谈，但是因为各自的原因（通常是有一方生病了）都没有来。桑德拉对初次会谈的经历一直都很乐观，我后来从社工那里了解到母女俩相处得更好了。虽然切西没有回到原来的学院，但是她开始去上大学。大约三四个月之后，桑德拉打电话过来让我独自与切西会谈，她很担心女儿会因为男朋友的压力而放弃大学学业。切西答应来见我，但她的心里已经有了主意。我们尝试让她找到"第三种"解决方式，既可以留在大学里，又不会让她男朋友伤心。可她对能上大学同时也能维持与男朋友这段关系的信心值（量表上的得分）非常低，对维持与男朋友这段关系的期望值（同样是量表得分）比继续上学要高得多。然后我转而问她，你这样做的话对未来的期待是怎样的？她提到会找份工作并消除她男朋友对她的不信任感。

经过切西的允许,我打电话给桑德拉,告诉她我们会谈的内容。两个月后,桑德拉打电话告诉我说切西已经离开了大学。但是,她找到了一份工作(她这时 16 岁),桑德拉对切西表现出来的责任感很满意,虽然这不是她对切西的最大期待,但是这对她来说"已经够好了"。此后,她们母女之间的关系更稳固了,切西也没有再离家出走过。

有时候父母也需要做出改变

当家长为孩子的问题来寻求帮助时,他们往往期待甚至希望教练会和孩子单独相处。如果发现这不可能(如孩子不愿意单独相处)或单独相处没有效果的时候,教练则会让家长和孩子一起来。或者,作为帮助孩子整体策略的一部分,教练可以单独与家长见面。

另一种情况是,家长可能会提出要求,要教练重点关注他们教育方式的某一方面,比如某个特定时间(比如失去亲人或父母离婚)发生的事情,或可能和整体的教育方式有关的内容(比如让孩子老实地待在床上或是和十几岁的青少年打交道)。教练的技巧能有效地帮助家长了解他们自己希望拥有的家庭生活以及实现这种愿望的方式。

杰玛（Gemma）

杰玛希望我们能帮助她 15 岁的女儿简（Jane），因为简突然不去学校上学了。她第一次来 BRIEF 的时候非常难过，因为简拒绝从车里出来。我们讨论了几种可能的解决办法，杰玛再次试图劝说简参与我们的会谈，简再次拒绝，但是她说愿意在我和她母亲会谈的时候在车上等她。

我问杰玛对这次会谈的期待，杰玛说她希望"能知道怎么能帮助简，让她去学校上学并参加考试"。我问她发现了哪些现象让她觉得简有可能做到这一点。经过仔细思考之后，杰玛找到了三个重要的现象。首先，简对前几天学校里父母之夜上的谈话表现得很有兴趣；其次，简说她觉得自己可以赶上落下的功课；最后，简说还会去见学校的朋友。

这些回答引出"期待的未来"的问题，杰玛谈论起她的女儿会如何开始这一天，她会怎样提到学校（比如，希望能讨论将来选课的问题，而不是闭口不言），并总体保持在她说的"上学状态"。当我们继续寻找过去的某些迹象时，我们发现简白天开始起得更早了，而不是像以往那样用被子盖住脑袋。

很明显，杰玛讨论的主题都是她希望看到简做的事情。这种方式是有效的，因为这样家长就更可能关注到女儿行为上的所有改变。基于交互影响的观点，我们可以要父母仔细回答当孩子的行为改变时，他们是如何回应的。我会询问家长，将来会对孩子这些进步的现象做出怎样的回应，以及他们已经觉察到自己的应对方式有了哪些具体的进展。在讨论如何跟简谈论功课的时候，杰玛回想起简曾经控诉她问了"令人尴尬的问题"，于是她开始思考将来应该怎样用一种支持而不是担忧或让简有压力的方式和简沟通。杰玛还在简身上发现了一些给她带来希望的迹象，让她觉得自己也可以接受一点对简的让步，她还打算想办法让丈夫也这么做。比如，要他早上在简没有按时起床的时候，不要随意闯进简的房间。

试着和孩子一起改变

安（Ann）和帕特里克（Patrick）

有时候教练会决定邀请青少年的父母一起来参与会谈，就像帕特里克那样。帕特里克是一位14岁的学生，他在学校接受教练辅导。八次会谈之后我感觉遇到了瓶颈，这个青少年有时候有一些进步，但是每次当我感觉可以，然后结束会谈的时候他都会出现倒退的情况，让我不得不跟他约更多的会谈。他在课堂上表现得像小丑一样，一直在寻求同伴的注意力，经常大声地说一些非常无礼的话让老师不得不把他赶出教室。在短程教练中，我们必须解决迟迟没有进展的问题，可是我们不可能在长期没有有效进展的情况下和一个孩子没完没了地耗下去。这时候教练脑海中就会冒出一个问题："我能做点什么不一样的事呢？"其中一个可行的解决方案就是在会谈中加入一个"重要的人（siginficant other）"，一个能影响来访者的人。这个人可能是学校里的另一个专业人员，也可能是他的伙伴或父母。以帕特里克为例，我们经过他的同意，邀请他的母亲安一起参加会谈。我们在会谈开始的前几分钟和安交流了一下组织这次会谈的原因，接下来我们将关注点放在了安对他的担心上，安很担心儿子交到不好的朋友，并且不懂得怎么拒绝别人。我们还讨论了帕特里克怎样能从他妈妈那里得到奖励，帕特里克对此特别感兴趣。

如果帕特里克这次没有在场，我会像杰玛和简那个案例里一样，进行一些同类型的谈话。但是他在场，我就问了帕特里克如何回应他母亲希望他不要在学校惹麻烦的想法。当他给出的答案很含糊时，我会鼓励他描述更多细节，而不是安替他回答。我还鼓励他们谈论过去的成功经历，安谈到儿子在小学的时候交到了不少好朋友，这让两人开始讨论，帕特里克在过去是怎么做到这一点的，及在此过程中，母亲是怎么帮助帕特里克的。

总结

· 即使需要做出改变的是孩子，但是在教练过程中，与他们生命中重要的人（如父母）合作也能起到成效，即便孩子不在教练现场。

· 家长关注孩子的改变，迫切地希望孩子做出改变，这样他们的生活和家人的生活都能变得更加美好。而焦点解决取向的教练更关注的是这些改变带来的积极结果而不是改变本身。教练希望帮助他们通过展望自己未来想要的生活，以此找到前进的动力。

·运用交互性问题来谈论改变之后给双方带来的结果，对改善家庭成员关系非常有效。

第 5 章

参加团体活动对孩子的益处

团体活动是开展儿童和青少年工作的一个重要模式，其中一部分原因是它非常便捷、高效，在学校它可以同时辅导多名学生。团体活动是能对同伴群体产生影响的一种形式，它既可以避免给人带来这是为了"帮助"某一个人而进行的某项特殊活动的感受；还能为团体内的每一位成员提供向他人学习和帮助他人的机会。而且即使每位参与者的话题各有不同，团体中形成的相互认同感也能成为彼此前进的动力。

开展团体活动的注意事项

在团体工作中，最大的挑战往往是怎样开启团体活动。在某些特定环境中（如学校），孩子往往被强制要求参加团体活动。而在另一些环境下，如年轻人俱乐部和志愿机构，如何吸引团体成员参与团体活动便成为一个难题。当你耗费了大量的时间和精力布置好团体活动场地、多方联络把大小事务安排妥当，最后却发现只有两三个孩子到场参加，会让你感觉非常沮丧和失望。

在团体活动正式开始之前，团体活动的带领者需要做很多准备工作。首先要考虑团体的目标群体、参加人数、开展团体活动的时间地点和次数，及每次活动的大概时长。此外，如何招募来访者，包括团体叫什么名字也需要仔细考虑。我们曾被邀请为城区里一所学校的六名九年级的男孩（14岁）开展一个名为"愤怒管理"的小

第 5 章 参加团体活动对孩子的益处

组活动。当我问孩子们是否会乐意告诉朋友他们参加了这个小组活动时,他们都回答不乐意。由此他们之间开展了一场关于这个小组活动应该取什么名字的讨论(他们觉得"改变的解决之道"是最合适的名字,这个组名我也真心赞同)。

确定了小组的目标群体和组名之后,接下来的问题便是如何挑选组员。比如,小组负责人可以与每个报名的来访者单独谈话,以确保他们真正了解这个小组活动是干什么的,是否真的适合自己。团体活动的带领者(大部分团体活动是几个人合作带领的)还需要确定团体活动形式是封闭的还是开放的(儿童和青少年的团体活动形式一般是封闭的),确定参与的成员会签名,以此承诺参与小组活动。在某些情况下开放式团体活动会更合理,特别是当有新人得知消息且对参与团体活动感兴趣的时候。此外,团体成员是单一性别还是男女混合也需要考虑在内。

在团体活动开展之前(比如确定团体活动地点)和开展初期都有许多相关的问题要思考,其中儿童和青少年最关注的可能是保密性。这些问题本身和焦点问题解决毫无关系,但每位团体活动的带领者在开展任何团体活动时从一开始就必须思虑周全。

比如,我曾受邀在一个青年俱乐部为一群加入帮派、逐渐卷入违法活动的青少年做团体辅导。我得知这个团体可能有 15 名青少年参加,在我给他们做团体辅导之前,该团体的成员已经参与了为期两个月的周末住宿。在此期间接受了关于如何解决冲突、保护自身安全、怎样做出选择，会有什么结果、认清自己的身份等一系列问题的学习和深入讨论。作为一名外来的教练，我要在后面的三次团体活动中，帮助这些青少年巩固之前两个月周末住宿所学习的内容。我们计划在第一次和第二次活动之间间隔一周，到第三次活动时再加长一些间隔时间。

我可以把所有青少年安排在一个大组里，但我考虑到无论团体活动时间多长，大组对这些青少年来说似乎太困难了。最终我把这些青少年分成了三个小组，每组活动时间在 15~20 分钟。我认为这样的安排能帮助他们在团体活动中集中注意力，也能使团体活动更高效。该团体的成员就在俱乐部里玩桌球，轮到自己时就到房间来进行团体活动。一次活动的总时长是一个半小时，虽然中心派了一名年轻的助手给我，但是辅导过程仍然相当费力。所以我和成员们约定，如果他们能参加每次的活动，且出勤率接近100%，他们就能在团体活动结束之后去玩卡丁车。有了这个奖励作为动力，团体活动得以一直顺利地进行下去了。

团体中应当有哪些"基本规则"也是一项重要议题，建议尽可能和团体成员一起商量、制定这些规则。当青少年被问到"我们如何能知道大家活动进展得很顺利"时，大多数情况下，他们总能提出很棒的想法，比如表达尊重、准时参加等。如果团体活动的老师发现大家遗漏了某些重要的规则，也可以发起讨论，比如："如果大家状态正好，此时有手机铃声响起，该怎么办？"

同样，这些问题也并非焦点解决模式的团体所特有的，可如果提前和青少年进行了必要的解释和讨论，之后的团体活动进展会顺利得多。比如一名成员总是迟到，或经常找别人聊天开小差，最简单的解决办法就是重新回顾一遍大家之前都承诺了的团体活动基本规则。

团体活动模式不能一成不变

团体辅导不能僵化在一个模式中，在团体辅导过程中，青少年团体会发生什么事是无法预料的，而教练需要对每一件团体活动中正在发生的事情进行回应，因此设计一个有足够弹性的团体活动模式才是可行的。

焦点解决的会谈通常在开始时会问来访者他们对咨询的最大期待是什么，这点同样适用于团体活动，我们可以邀请每个人轮流说出他们对团体活动的期待。但是，相较于焦点解决的会谈，团体辅导则需要适当地调整策略，以便更好地运用于团体活动中。比如，如果没有及时和每名成员进行正式活动前的初始会谈，那么一开始就应该考虑让大家做一个简单的自我介绍。以我们的经验，即便是只让大家介绍姓名，也总会有些人想要分享自己更多的信息（比如他们自己的特定问题）。因此，我们建议在第一次团体活动时要提出一个具体且符合焦点解决模式的问题。比如："我想请大家做一个自我介绍，说出你的名字，还有在刚刚过去的这一周里你觉得进展得十分顺利的事情。"

在导入介绍之后，焦点解决教练通常会把重点转向聚焦未来的问题。教练首先询问每名成员对自己的最大期待是什么，这适用于所有团体活动。当有人（比如教练）提前界定了团体活动的主题时，就更需要去了解成员们的期待。第一次团体活动的目标就是让参与者能和这个团体建立起联结。泰瑞·皮肖特（Teri Pichot）建议：教练应该让每个人都对团体活动的"主题"提出自己的建议，然后教练在成员们的建议中要找到一个可以代表每名成员目标的关键词，这样就可以得到所有成员都可以共享的未来目标。

团体辅导第一次活动可参考下面的形式：

· 参加团体活动时的最大期待。

· 想要的未来：当他们实现了自己的期待时，生活会变成什么样子？

· 期待的未来场景中有哪些已经发生了。

· 没有发生问题行为的一天。

· 用量表评估每名成员的进步。

· 用赞许作为结束。

教练开展团体工作时还需要考虑青少年能集中注意力的时间。

在确定一次团体活动的时间和人数时，这个因素必须考虑在内。比如之前提到的愤怒管理团体活动，最开始每次活动的时间是45分钟，但很快我就发现对这些青少年来说时间太长了。在第一次活动没有取得理想成效之后，我及时调整了策略。我发现青春期的男孩子总是很容易饿，于是在第二次活动时我带去了一大袋食物和饮料。我在团体活动场所里设置了一个叫"茶歇"的地方，提供一些自制的简单且健康的食物和饮品，让他们可以在那里吃东西或休息，这样团体活动中烦躁的情绪一下子就转变成了欢乐的咀嚼声。当活动进行到下半场时，氛围就变得更轻松了。茶歇后，我再安排大家探讨他们在上一周所取得的进步，然后继续探讨在下次活动之前的这一周里，会有哪些迹象能表明他们已经有了新的进展。

重要的不是结果而是改变过程

教练在后面几次活动中的任务是详细地跟进成员所取得的进步，如果成员在此期间遇到挫折，要去了解他们是怎样应对困境并努力回到正轨的，或者他们是否知道自己一定能回到正轨。对教练而言，重要的不是督促成员是否真的完成了他们之前定下的目标，而是要去寻找任何一个有进步的迹象，这些进步的迹象并不仅仅局限于跟目标相关的方面，其他方面也是可以的。

正如在个体咨询中一样，教练在后续团体活动中可以参考下面的形式：

· 有哪些地方变得更好了吗？试着探索上次团体活动以来取得的进步。
· 如果遇到了挫折，那么就去探究该如何解决它们。
· 使用量表问题来确定取得进步的程度。
· 寻找下一次团体活动前可以看到的进步迹象。
· 用赞许作为结束。

案例分析

有一次，我受邀和年级主任利奥·比蒂（Leo Beattie）一起带领一个由 8 名 14 岁的男孩组成的学校团体。我们计划开展七次活动，将"进步展示日"（一个学生和家长与老师的会面日）那天定为目标日期，在学校的"进步展示日"之前结束活动。

教练：首先，我想邀请同学们依次说说在 11 月 15 日那天你希望自己能做到什么。如果你还没想起来要说什么，没关系，你可以暂时说"过"。

第一名男孩说："我希望改进我的行为。"紧接着第二名男孩说：

"我希望能改进我在学校的行为。"利奥曾对我说过他的担心:"学生会表达他们认为我想听到的。"在焦点解决模式中,青少年的回答经常与他们生活中成年人对他们的期待非常接近,我们通常不会怀疑他们,我们很尊重来访者,我们会把这些期待视作能给他们带来改变的不同的门槛。但是,在团体成员依次分享时,教练不能与每个成员进行单独对话,所以必须学会等待时机(教练通常会相信青少年团体中存在竞争性,这种竞争性会促使他们说出自己与众不同的期待)。当这次活动轮到某一位男孩时,气氛瞬间就被调动起来了,他说:"我想改善我在学校的行为和学习方式。我想有很好的表现,这样妈妈就能为我感到骄傲!"

我继续让大家依次分享,每名学生说的内容都比较简短。在这个阶段,我没有对他们进行提问,除了在有一个男孩说"我想改变我整个的学习和生活,不断积累经验,并得到A的成绩"的时候我赞许了他的上进心,并且问他:"如果你正处在学习和生活发生积极变化的过程中,你可能会做什么?"他回答:"我在提高我的成绩。"接下来的男孩说他想要"早点睡觉",其他人就"咯咯"地笑了起来。这是一个重要的反应,第一,没有人提前预料到会出现这样的发言,这说明对青少年们接下来的回答还是很值得期待的;第二,当有人分享出这样具体的内容时,可以额外问一句"那会有什么不同呢?"这样的提问能给参与团体活动的孩子的生活带来积极的影响;第三,这里出现了一个新议题,就是如何限制他人嘲笑的行为或贬低性的评价。我们必须对类似的情况进行约束，于是利奥和我都对"早点睡觉"的重要性表示了赞同。还有个更好的方法就是和大家一起讨论睡眠的重要性，这样我们就不会看起来像在过度保护某一个学生了。

接下来，利奥对大家说因为他从男孩们这里听到了一些他不了解且事先没有预料到的事情，所以需要组织成员进行第二轮交流，请每个人从自己的角度来分享反映他们进步了的表现，比如在家做题、准时到校、完成报告等。

为了帮助这群孩子保持专注，我在第二轮交流中提出如下问题：

"11月15日那天，你希望其他同学注意到你哪些方面的改变？"

第一个学生似乎被这个问题难住了（或者他可能压根就没专心听），答不上来。我建议他再好好想想，问题转到下一名学生杰森（Jason）回答，他说："他们会认为我变得更聪明了。"

  教练：好的。那么他们要如何得知呢？
  杰森（耸肩）：这我不知道。
  教练：什么会告诉他们你更聪明了？
  杰森（又耸肩）：不知道。
  教练：他们无法知道你的思维，因此你做什么事情能告诉他们

第 5 章 参加团体活动对孩子的益处

你更聪明了？

杰森：我可以做对每件事！

当轮完一圈时，第一个学生也能回答这个问题了。第一次活动的时间只有 30 分钟，也没多余的时间做其他的事情了。

第二次活动一开始，我们就邀请每名学生分享他们所取得的进步，采取和第一次活动类似的形式，在团体内进行了几轮交流。交流的内容有两方面，一方面是他们留意到的关于自己的变化，另一方面是他们认为别人留意到的他们的变化。然后我们提问"如果下周情况继续好转，你最想看到什么？"再让学生们依次回答。第三次活动以同样的方式开始，我们提问"自从上周以来，你取得了什么进步？"保留按顺序依次分享的形式。偶尔会有个别男孩答不上来，他们可以说"过"。通常情况下，当在团体内转完一圈再轮到他时，他也能给出一个回答了。在这种活动中，关于大家进步的表现，利奥很好奇男孩们是否想知道他在学校里观察到的他们的变化。我对利奥说最有效的方式是先依次让孩子们说出他们认为年级主任会说出的变化，然后他再补充他的观察。虽然这意味着没时间讨论下一周可能会发生的进展的迹象了，但这可以让孩子们有了解自己真实变化情况的机会。

第三次活动期间，一名男孩迟到了。当轮到他回答问题时，他说："我们在讨论什么？"我请一位志愿者为他进行解释。违反纪律的事情无法避免，利奥说他必须给两名男孩他所谓的"死亡凝视"，因为他看到他们又开始"咯咯"傻笑。

在第四次活动之前，利奥和我讨论了要用与之前活动形式不同的形式来进行团体工作的想法。这个建议并不是说之前的形式没有效果，而是为了让活动的内容更丰富，这也更符合利奥有活力的处事风格。这次活动由利奥来主持，他有一个很棒的主意，可以让男孩们彼此更深入地互动：

利奥：今天由我来开个头。你们都确认了"进步展示日"之前想要做到的事情，从之前的学校巡视中，我觉得你们已经做到了很多。现在，我想请你们完成一个30秒计时的任务。我希望你们每个组（这里利奥对这个活动进行了两人一组的分配）的同伴之间面对面，用30秒的时间尽可能地说出你积极的变化，并且解释你是怎么做到的。

这个任务的内容是告诉对方自己都努力做了些什么事情，然后在利奥宣布时间到的时候小组两人交换角色。最后，利奥邀请每个人在大组分享他们从自己的伙伴那里学到了什么。通过最后的分享可以看到在短时间内，孩子们从同伴那里学到了非常多的内容，这给我留下了深刻的印象。

在第五次活动中，利奥鼓励大家说出自己的"梦想"："你希望5年后自己在哪里？"一个"聪明"的家伙说："我想不了这么长远，

5年还没到呢！"我接着说："假设你已经度过了这5年。"这时他给出了回答。接下来我们首次用了量表式问题（是在这天相当晚的时候），请他们思考自己在实现"梦想"的路上走了多远。在这个过程中，我们强调尽可能多地让孩子们去探索自己是怎样到达这个位置的，然后思考哪些迹象表明了自己仍在继续前进。

第六次活动，我们的问题是"哪些方面变得更好了？"从他们的回答中，我们发现所有男孩都在持续取得进步。我们提醒大家这次活动之后就只剩下最后一次活动了，为了充分利用最后的时间，我们想确认是不是错过了什么新的或不一样的重要信息，不过男孩们大多只是在有关学业和行为方面重申了一次他们的愿望。

一名男孩提到不想让别人嘲笑自己，于是我问他："你希望的情况是怎样的呢？"他回答："我希望人们能更认真地对待我。"我们问了他许多问题以了解别人会对他做什么，以及他会如何反应。大家都给他提建议，比如告诉他别总是笑，要多看着别人。利奥也忍不住对他说："从老师的角度来看，记得脱外套会对你有帮助。"我们理解这名学生正承受着相当多的压力，所以请他思考所听到的建议里哪些对他是最有效的。他认为有两点：一是用不同的视角去看待别人，二是当别人笑的时候自己不要笑。

在讨论的其他主题中，最出乎我意料的是"提高阅读技能"这一项。我告诉他们，我特别感动。因为在我以往的经验中，男孩们通常不愿意阅读。这个讨论开始于其中一名男孩打开书包，拿出一本他正在阅读的书，另一名男孩则谈论到他在图书馆的学习。然后我就继续问他们多读书有什么好处，是怎样实现的。

在这次活动的最后，利奥赞扬孩子们一直在非常努力地帮助彼此，一直十分积极地运用自己的智慧。利奥说这次是他感觉最好的一次团体活动。

在最后的第七次活动中，男孩们得到了一个奖励。那天出席活动的还有辛西娅·富兰克林（Cythia Franklin）———一位来自奥斯汀（Austin）得克萨斯州立大学社工专业的教授，她当时在伦敦做一个关于 BRIEF 的报告。辛西娅有很多关于 SF 的研究论文和图书，其中一本书就是关于 SF 在学校中的应用，我知道她很珍惜这次与男孩们交谈的机会。有几个男孩刚开始就说非常开心能见到她（他们说以前从未见过教授），特别是他们中没有人和得克萨斯人说过话。另外，辛西娅说她很好奇孩子们是否期待她戴着牛仔帽骑着一匹马过来。

活动开始前，利奥给男孩们播放了一段录音，内容是他们在第一次活动中交流过的他们在"进步展示日"之前想要达成的目标。然后，大家依次分享了"在目标实现的路上，你已经做了哪些事？"我鼓励孩子们也分享一下其他方面，不只局限于他们在录音中听到的内容，这有助于他们给出各种预期外的回答。其中一名男孩说，他一直在努力克服懒惰，我在此之前从未听他提起过。然后我们引入一个进步评量工具，辛西娅接受邀请来主持这个部分的提问。辛西娅设计了一个量表，她对孩子们说："0分表示你一点进步都没有，我知道这里谁都不是0分，10分表示你已经处在你所能到达的最好的位置。"她认真地组织大家轮流分享，同时穿插着"你是如何做到的"和"团体活动对你有什么帮助"这类问题，耐心地根据每个人的评分（基本在6~8分之间）和他们的进步，画出其所在的位置。然后辛西娅进一步提出如何在量表上继续提高评分的问题，比如"如果以某种方式调整一下你努力的方向，你会看见自己在做什么？你如何知道自己是否专注？"一名男孩说谁都无法达到10分，辛西娅表示认同："不论怎样总还是有进步的空间。"并启发她提出另一个量表式问题："哪怕过了进步展示日和新年假期，你对自己还能不断进步有多大的信心？"（他们都说7分）。鉴于这是最后一次活动，这种方式能极好地帮助大家设想未来，辛西娅强调这段时间的团体活动对大家帮助很大，并邀请成员们思考未来怎样继续做到彼此支持。

在活动的结尾，我想呈现第五次活动中发生的一次有趣的交流，当时一名男孩突然提出了一个有挑战性的问题：

杰森：我们为什么做这个？

利奥：非常好的问题！有人回答吗？

图欣：为了给人们看看某些东西。

利奥：给他们看什么，举个例子？

图欣：任何人都能改变。

利奥：艾蒙，你想表达什么？（艾蒙和图欣同时说话）

艾蒙：我也想表达这个意思。

利奥：好的，纳希德，那么你的理由是？

纳希德：我想当这个活动结束时，我们回顾过去会发现我们以前在学校表现得不够好，然后我们能发现自己其实可以更认真地学习、更充实地生活，能看到自己发生的改变。

利奥：这真的非常有意思。

哈维：我同意，这是个很好的问题。我也很好奇为什么人们会想参加团体活动，而不是进行一对一的交流。团体活动的好处是什么呢？

乔丹：因为在一个团体里，每个人都能在他们的朋友面前表达自己的感受。如果是真实的，你的朋友们会表示赞同。但是如果你自己一个人这样做，有时你会不知道怎么去表达。

杰森：如果我们不这么做，每个人还是老样子，表现得不好。

利奥：你是说如果我们没有这么做，每个人就会一直都表现不好吗？

杰森：是啊。

利奥：他们会吗？

杰森：会的。因为我们开始到这里时，每个人都表现不好。

利奥：你觉得大家来这儿后一直在进步吗？

杰森：是的。

第 5 章　参加团体活动对孩子的益处

经验和教训

在开展团体辅导时，教练明白不能在单个成员身上花太长的时间。如果是成年人的团体，这一点还比较好实现，但当针对儿童和青少年开展工作时，怎样做才能让成员一直保持注意力就非常关键。我们要避免让他们感觉无聊或者因为兴趣不大而直接退出团体活动。在这一点上，我得带着某种挫败感说："天啊，我真的还有很多问题想问他，但我必须跳到下一位了。"教练可能会觉得自己剥夺了孩子们更深入地探索他们想要的未来或成功场景的机会，但各种类型的团体工作经验表明，只有这么做才是有效的，我们需要明白怎样才能对参与者起到建设性的作用。成员给出的回答可能是简短的，但是被激发的思考是长久的，在成员等待回答的这段时间里，他们需要考虑自己的答案。换而言之，即使焦点在别人身上，团体参与者也在思考着。即使当别人发言时他们已经回答过一次了，但当他们再次开口的那一刻，他们也需要重新给出一个有用的回答。当然，教练为了吸引和维持组员的注意力，也会提出他们意料之外的、多样化的问题（如"到了学校，朋友们会注意到你在做什么？"）。这里得出的最重要的结论是：我们要尽可能做到包容，但我们不必做到"平均分配时间"。参与者发言的时间可以各不相同，即使那些不怎么说话（或总是"过"的组员）的人其实也是在思考状态中的。

我们无法事先预料到孩子们会说什么，但我们能从团体活动中发现他们具有非凡的创造力。我们需要看到每个成员的聪慧之处，这些都是我们接下来能利用的非常好的资源。比如，在愤怒管理团体的一次活动中，有个男孩说当被别的同学和老师辱骂时，他无法控制自己的情绪。团体就他这个问题开始讨论，其他成员对他说他是能控制住情绪的，并且也不是那么难。有个男孩说："如果我给你一百万英镑，条件是你不能失控，那么你一定能做到，对吗？"这绝对是一个"地方"智慧的体现，值得大家花时间来一起讨论。

　　团体带领者还要关心活动进行到什么程度之后教练应该组织成员互相讨论，而不是一直让大家轮流回答问题。不过，这也取决于教练自己的想法。我通过观察利奥组织的计时练习，上了一堂非常有用的课。其实允许组员彼此互相讨论的难点在于教练必须控制好交流的场面。虽然在某些情况下组员彼此互相讨论能取得不错的成效，但也可能导致现场一片混乱。组员在互相讨论时，应当避免告诉别人他们应该做什么。但有些像成年人一样的孩子，太迫切地想要展示自身的才能，而那些建议接收者往往会当场反驳他们的意见。典型的回答有"是的，但是……"当然也并非总是如此，也经常有组员可以提出意想不到的好主意。即便孩子们提出的建议有时候会被我们驳回，我们仍致力于教给他们如何给彼此提出真正有用的技巧，而量表式问题毫无疑问就是孩子们能彼此应用的最容易的提问技术。

有趣的活动形式才能吸引孩子们的注意力

有时教练面对的挑战是如何让团体活动变得有趣和充满变化，因为只有形式多样化的团体活动才不会让孩子们感到无聊。

教练具体怎么做取决于他们的个人兴趣和身边可以利用的工具，特别是当对象是小学生时。比如，引导年龄偏小的儿童使用量表式问题进行团体活动时，让孩子们做"量表行走"的游戏就是一个很棒的想法。把代表等级的数字放在房间的地毯上，可以用能吸引孩子兴趣的物品代表数字。决定把什么物品放在量表上是一件很有趣的事情，比如可以用某个球队、明星或是不同的颜色来代表数字。对孩子们来说，绘画也是一个很好的辅助工具，卡洛琳·伊曼纽尔（Carolyn Emanuel）建议邀请每个孩子画一个徽章。首先给孩子们一张很大的徽章形状的硬纸，让他们可以在上面画他们擅长、喜欢的东西，也可以画他们感到骄傲的时刻的画面，以及他们在未来想做的事情的图画。接着在合适的时间，鼓励其他孩子为小伙伴的徽章增加内容。

此外，教练还可以选择角色扮演的活动形式。我们的同行克里斯·艾弗森分享了他在小学的一个实践案例（这个案例也说明了在合适的时机，可以让儿童和青少年参与自发性的团体活动）。

卡马尔（Kamal）是一名7岁男孩，因为有攻击性行为而处在被学校退学的边缘。我一度对他毫无办法，为此深感挫败。学校和家长都已"黔驴技穷",三次会谈之后我也是这种感觉。第四次咨询在学校进行,我计划和副校长一起去见他,但那天副校长生病了,剩我一个人待在学校大厅里。于是我只能自己一个人无奈地去尝试让一个只想要离开的男孩参与到会谈中来。带着绝望的心情,我来到了他的教室。因为无法达成学校的期待,我的自信心受到严重的打击,甚至在敲门的时候,我都觉得自己一定会被斥责。幸运的是一位非常友好的老师为我开了门并和我打招呼,当我提出希望请班上的6位孩子一起去参加会谈时,这位老师很爽快地答应了。

我们8个人一路小跑回到大厅。我对这6名志愿者说:"请你们围坐成一个圆圈,你们都是很棒很安静的孩子。"很快,他们就盘腿坐下,膝盖挨膝盖地组成一个圆圈,卡马尔和我待在圈外面。"现在,卡马尔,请你加入这个圆圈。"卡马尔径直冲进去把两个同学撞到了一边,他的行为让其他同学感到害怕。"好的,我们下面换一名同学来!谁想展示一下应该如何友好地加入这个圆圈?"我马上就看见了几只举起的小手。"你叫什么名字?"我问对面的一个小女孩。她回答我说:"塞西莉(Cecily)。""塞西莉,请你过来站在这边,给我们演示一下怎样友好地加入这个圆圈,好吗?"塞西莉站在圈的外边,她问:"请问我可以加入这个圆圈吗?"没人回应也没人移动位置,于是我小小地推进了一下,问大家:"当塞西莉友好地提出请求时,你们要说什么?""好的,可以!"随后,5个声音一起说出这句话,但这时候还是没人挪出空地让塞西莉进入圆圈。"你们能挪个地方给塞西莉吗？""好的！"这次有6个人异口同声地回答。"很好，塞西莉，你再试一次，看看你能不能友好地加入这个圆圈。"塞西莉做了一个深呼吸，再次提出请求："请问我可以加入这个圆圈吗？"6个天使般的面孔看着她，齐声说："是的，可以"。他们一起挪出了一个位置，于是塞西莉顺利坐了下来。

"还有谁想玩这个游戏？"7只小手齐刷刷地举起来，最后卡马尔玩了两次"友好地加入圆圈"。同学们高度赞赏了他的"友好"行为，这让他体验到了一种正向表现后得到赞赏的自豪感。现在我们都感觉有点信心了，我们回到教室，勇敢地询问卡马尔的老师，我们能不能在全班同学面前展示一下这个游戏，老师表示同意。于是卡马尔和7个新朋友一起，再一次展示了他学习到的"友好地加入圆圈"。

卡马尔的父母几天后打电话来反馈说，卡马尔已经能自己做到举止得体，不需要继续咨询了。比尔·奥汉隆有很多有创意的想法，其中一个想法是建议人们可以利用简短的故事来解释某些特定观点："隐喻和故事是间接表达思想的方式，当你要表达一个观点时，你可以用与这件事相类似的故事或其他方式来表达。隐喻和故事就像给了来访者一个辅助的工具，能使人在脑海里生成一种安心、鼓舞心灵和启发灵感的画面，所以很容易记忆。"在一次团体活动中，当时我们在讨论克制愤怒的难点时，我给男孩们讲了一个从奥汉隆那儿听来的故事。故事说的是有一位宗教领袖带着弟子在印度旅行，火车上十分拥挤。这位领袖在某一站下车去喝点东西，当他回来时却发现座位已经被别人占了，而且这人压根就不看他，也不肯起来。于是他静静地站在这人旁边，看着他，等他从座位上起来。弟子们屏住呼吸，看着这一切将如何发展。过了一会儿，这位领袖突然开始冲着那人大声叫嚷，对他说他无权坐在别人的座位上。大概过了几秒，那人很尴尬地站起来走开了。这位领袖平静地回到座位上，仿佛什么都未曾发生。弟子们围着他，被刚才的一幕震惊了。"大师，您怎么会情绪失控呢？"他吃惊地看着他们："情绪失控？不，我只是把愤怒从我后口袋里取出来，用完了再把它放回去。"讲述这个故事时，我使用了从奥汉隆处学到的讲故事的技能，每句话都牢牢地吸引住团体成员的注意力，他们表示都非常喜欢这个故事。还有一次我对他们引用了我在一篇文章中读到的一句古老的埃塞俄比亚谚语："当大地之主经过时，聪明的农民深深地鞠躬和静静地放屁。"这句话也特别受欢迎。

　　我告诉这些孩子们，团体活动结束时他们会得到一个证书，并请他们写出他们自己希望看到的证书上的内容。坎贝尔和布拉舍（Campbell & Brasher）建议使用这种激发动机的方法，即团体带领者邀请参与者提前预计他们将从老师或其他人那儿得到什么样的赞许。孩子们给自己写评价预期时会发现，当他们对自己有负面看法时，会受到团体中其他人的反驳。比如，如果有人说："没人会对我说任何好话，因为我知道我最近一直在浪费时间。"然后，另一名成员就会反驳这个观点，指出大家在团体活动中曾经表达过对他的积极反馈。

实用的量表式问题

　　量表式问题对儿童和青少年来说是非常实用的技术，通过量表式问题可以评估他们的进步程度，还可以创造性地应用于孩子们希望达成的各种各样的目标。

　　教练可以尽早将量表式问题引入到团体活动中。比如，在愤怒管理团体中，第一次活动进行到中间部分的时候，我就利用量表式问题来促进成员探索那些能够代表他们在朝着自己期待的目标进步的表现。于是在之后的每次活动中，我们一开始就能了解成员在他们自己的量表上处于什么位置，以及取得更多进步的迹象是什么。

　　年轻人俱乐部的团体活动是在周末之后开始辅导的，所以在第一次活动中，我问他们："你做了什么能表明你充分利用了周末的时间？"虽然我事先已经从工作人员那里得知了相关的信息，但是我没有提起也没有请成员回顾分享。因为我认为只有他们自己表达做过的且自己认为有效的事情才值得讨论。他们给出的答案内容很广泛，包括和同伴一起做的，以及在学校和在家里做的事情。然后我请他们评估自己的进步，10分代表在周末完成了想做的所有事情，0分代表什么也没做。他们的分数差异很大，范围从 2~8 分，为了给成员一种包容感和归属感，我算出了每组的平均分。量表式问题主要有两种：（1）你是怎么得到"×"分，而不是 0 分的？（2）你怎么知道自己又提高了 1 分的？有一次一名男孩说他上次团体活动后又卷入了暴力冲突中，我们没有深究这件事，而是聚焦在他怎样能使自己处于一个安全的状态（因为他很害怕后果）和他现在希望怎样继续进步。通常情况下，如果孩子没得到 10 分，为了避免让他们产生失败感，可以让他们说一说在朝着 10 分努力的同时，达到量表上的哪个位置会感觉很开心（他们认为"足够好"的分数）。这个方法很有效，可以探索和加强来访者对改变的决心。此外，询问对来访者来说重要的人（包括其他组员）在他们身上看到了什么变化也是非常有帮助的。

在量表第一次引入小组时，可能会遇到一些挑战。在我们带过的一个团体中，第一个人的答案是"5 分"，这在青少年中很常见，但是后来每个人都给了 5 分或 5 分以上。在青少年团体工作中，成员之间似乎会有某种竞争的感觉，不过我选择忽视这些。毕竟，分数本身的重要性不如来访者对自己这个分数给出的说明，有人倾听他们的话才是最重要的。

团体活动的结束环节

通常解决焦点问题的做法是总结来访者说过的内容，但在团体活动下有些棘手，因为很难记住每个人说过的内容。如果有两位教练，

第 5 章 参加团体活动对孩子的益处

那么其中一位就可以做记录，再来为每个人做出总结反馈，不过孩子们对于这个过程不太喜欢。其中最简单的做法就是给整个团体以概括性的赞许，如表扬他们十分认真地思考，再邀请他们探讨接下来这一周可能会有的进步。另一种做法就是让孩子们互相给予称赞。

在愤怒管理团体中，我没有选择赞许孩子们，而是请他们来称赞这个团体，说一说在活动中他们发现的特别有趣或愉快的事情。这个环节能给我反馈，告诉我哪些活动和内容后续还可以继续。我还由此得知聚焦成果对他们而言很重要，在所有技术中他们最喜欢的是量表式问题，同时他们也很喜欢听故事，甚至他们还给我列出了下次想要吃的食物清单！

在个体咨询中，教练往往无法判断哪一次是最后一次会谈，因为教练过程应在目标达成后尽快结束（而这通常发生在两次会谈之间）。然而，在团体工作中，最后一次活动时间在一开始就确定了，这样一来结束方式就会有所不同。教练可以以常规方式开始，询问成员自上一次活动结束以来的进步，此外，量表的评估应具体指向成员在达到第一次活动中确认的目标分数的基础上取得的进展。

教练没有必要去提醒孩子们他们最开始的最大期待是什么。因为正如个体咨询一样，感觉自己正在朝着生活中好的方向发展比尽力达到某些特定的目标更有帮助，尤其是对某些青少年团体来说更有意义。

在最后一次团体活动中，教练可以给成员提供讨论的机会，探

137

索未来如何持续取得进步，以及如何应对可能出现的难题。

如果是面对年龄更小的儿童团体，就可以使用更有庆祝意义和纪念风格的方式来作为结尾。结业证书（尽可能地制作得精美一些）适用于所有年龄阶段的孩子，儿童也可以在卡片上写下（或画下）他们希望未来继续做哪些事情（详见第8章）。最后，再送上一个美味的大蛋糕来结束团体活动吧！

有很多种来访者评估工具既可以帮助孩子们总结自己的进步，也可以让他们看到团体活动产生的作用。我们用的评估工具是斯考特·米勒（Scott Miller）及同事们设计的"结果评估量表"和"会谈评估量表"（他们已进行过改编，团体活动也可以使用）。此外，在某些情境中，还可以考虑一下请相关的负责人员出席最后一次团体活动（哪怕只是最后5分钟），让他们能亲耳听到来访者所取得的进步。

有些情况下，会安排一次后续的追踪活动以巩固成员取得的进步。不过在绝大多数情况下，这种活动操作起来是比较困难的。如果可以建立一种获得结果的反馈当然是很有用的，但通常情况下反馈都是自然地得到的。比如，我从一个工作人员处得知，愤怒管理小组中的6名学生有4名取得了很好的进步，1名还是老样子，还有1名的状况更糟了。我曾和青少年俱乐部的工作人员一起受邀参加了一个机构之间的青少年工作小组。在会上，我了解到人们对我们几个月前辅导过的几乎所有青少年的担忧都减少了许多。

第 5 章　参加团体活动对孩子的益处

团体活动面临的挑战

无论何种教练模式，每个团体活动都会产生让教练感到有挑战的议题。青少年团体和成年人团体一样，都会遇到破坏和扰乱团体活动秩序的成员。比如喋喋不休的发言、一言不发、迟到、乱来、对人粗鲁或者嘲笑别人的发言等行为。在处理这些事情时，没有特定的解决方法。教练既可以强势地解决（直接将捣乱分子请出团体），也可以温和地对待（比如在团体之外和相关成员单独谈话），无论是采取何种方式，教练都必须及时处理这些状况。

有时候某些问题可能需要以某种方式直接解决，这会使教练从SF教练脱离出来，比如虽然保密对每个成员而言都很重要，但教练需要提醒成员有哪些保密例外。特别是如果听到在家里、社会和学校里存在霸凌、暴力和犯罪等类似的危险现象（且这些现象会持续发生）的时候，教练可以"急事缓办"：一方面将这个问题报告相关人员或部门；另一方面可以花时间组织团体一起讨论，大家能做什么或者应该做什么来帮助这名同伴。如苏杨（Sue Young）在其关于SF应用于学校霸凌的个体和团体教练的著作中所描述的一样，这种团体教练可以被视为一种资源。

提前确定团体活动的场地也是很重要的。在愤怒管理团体的案例中，每周团体活动的地点都不一样，这在学校里是不常见的，因为这会让组员产生一种不安的情绪。有一次，团体活动正在教室中进行的时候,这个教室的负责老师进来了。我们完全没有预测到这个老师会进来,我们也完全不知道这个老师是古板守旧的,而当时恰好是"茶歇"时间。当他看见教室里吃吃喝喝的场景,就拿了几本书出来,然后坐下,亲自向我们示范了他认为的工作时应该有的状态。我鼓起勇气走过去对他解释:"尽管现在的场景看起来有点古怪,但我们确实是在进行非常认真的团体活动。"此时,孩子们也结束了2分钟的休息时间,我们要继续开始团体活动。谢天谢地,这时这位老师离开了教室,我连忙对他说感谢,然后回到团体活动中。

第 6 章

学校生活对孩子的重要性

以儿童和青少年为对象的 SFBC 服务性价比很高，可以促进孩子们提升幸福感、成就感，也利于团队合作，是能激发每个孩子最佳潜能的教育哲学。基于多方面的优势，这一模式已被证实不仅在个案教练会谈中是有效的，也很适合应用于整个学校环境中。比如，许多研究者发现，该模式可以用于阅读困难、团体活动、课堂管理、走廊、操场、家长会、教师全体会、研讨会等教育体系内的许多情境中。

现在很多学校会额外增加一笔开支，专门用来聘请焦点问题解决取向的教练，从很多方面来看这样做完全是值得的。一个学生的会谈时间最多半个小时，所以一上午的时间教练可以接待很多的学生。在这个过程中，学生和教职员工的心态都能发生积极的改变。

有时学校里需要帮助的孩子太多，只有一名教练是应付不来的。在这种情况下，有辅导需求的学生就必须依靠学校自己的辅导人员了。辅导员除了关爱学生之外还有管教学生的职责。对学生而言，去指出其他同学的问题和弱点是很难的。对老师而言，对学生破坏课堂的行为进行批评指责也同样不是件容易的事。SFBC 基于发挥优势和聚焦未来的特点会使老师和学生的对话充满希望，当然这并不意味着老师们就再也不必去了解学生们的困难了（以及采取相应的措施）。SFBC 提供了一种帮助学生发展的较为安全的方法，这种方法不会深入地去探究学生的问题，不会以任何方式给学生带来"痛苦"的感觉，绝大多数学生都会表示用这种模式和教练会谈是愉悦的。

SFBC 教练不会去深入探究问题，这听上去似乎有违常理，学生们也提出许多和专业人员一样的疑问。"在解决问题之前，你当然需要先了解问题！"通常这是学生最初听到这种方法时的第一反应。如果人类就像汽车发动机，是一台除了制造原理以外没有任何其他可能性的简单机器，是可以这样解决的。可正如每一位老师和家长所了解的，孩子们拥有无限的潜能和创造力，而SFBC正是根植于这种潜能，就像教育本身一样，其目标是发展它而不是一直盯着它的不足。这不是说努力去理解问题是无用的，只是从实用主义的观点来看，能尽可能快地解决问题是最好的，也能节省出更多的时间，对那些在SFBC模式下不起作用的情况进行进一步的探索和研究。

　　SF辅导并不是训练学生来分析和理解自身出了什么问题，而是利用"会谈技术"帮助学生有所好转，并在挖掘每个学生潜能的过程中帮助他们找到进步的新途径。教练技术不是要告诉学生应该做什么而是让学生自己思考，此外对学生的信任感还能帮助教练避免触碰到学生不想和他人提起的敏感事件。在教练过程中，应该是由学生告诉教练他的世界如何运转，而不是教练告诉学生应该如何运转。不过，这也并不代表教练就完全不需要提任何要求，特别是当教练同时还是学校的老师的时候。学校可能会要求学生的穿着或举止，虽然这些规定不一定完全符合学生心中的想法，但这些行为规范和学习期望一样，是学校、学生、家长和社会之间更广泛的契约的一部分，通常不会与学生协商。

　　总之，SFBC有很多优势：

· 能接待更多的学生。
· 能快速地完成辅导。
· 能帮助学生建立积极的思维模式。
· 能让学生减少旷课次数。
· 能让学生对自己更负责并提高自我效率。
· 在常规的师生会谈外，提供与学生交流的新思路和新模式。
· 帮助学生更多地体验和感受成功而不是一直面对失败，让他们能增强自信心，学会自己解决困难。
· 更多地聚焦于积极的互动，使同学关系得以改善。

老师和家长对SFBC的反馈经常是：

· 孩子能自主思考他们的优势和发展领域，谈论他们取得的进步。平时因为时间的原因，和孩子一对一交流的机会很少，这是帮助孩子面对挑战的非常好的机会。（某小学）
· 孩子们都在自信和独立中成长，这样对他们反省自己和学习是有帮助的。（一名五年级老师）
· 这真的帮助她培养了自我意识和改变事物的能力。（家长）
· 他没那么焦虑了，和同伴之间的关系也变得更好了。（家长）

大多数学校对他们为学生提供的心理辅导感到自豪，不过因为需要维持纪律，心理辅导常常会遇到一些挑战。如果一个学生的破坏行为对他人造成了很大的影响，那么其他学生的需求就无法被满足。当一名本身很有能力的学生正朝着退学发展，是选择关爱学生还是关心学校？这两种需求是彼此矛盾的，年级负责人可能会感觉难以抉择。这也再次说明，焦点会谈并不是万能的灵药，但它能提供一种与多数学校的教育理念相吻合的教练模式。相对来说简单易行、可行性高，而且不仅仅只是为那些棘手的冲突找到解决方案。

每个孩子尽可能做到最好，这是学校对他们的期望，而焦点会谈的目的在于帮助孩子自己发掘自己的兴趣和技能，促使他们有能力构建属于自己的美好未来。这两者之间良好的契合度为把焦点会谈方法成功地介绍给心理辅导人员奠定了基础。焦点解决最棒的地方就在于谈话完全不必局限于"神圣的"心理咨询室里，随处都可以进行谈话。比如在走廊，只需要一分钟或者利用课堂开始前和结束后的一小段时间，或者在学校大门口也行。对其他辅导流派来说，这么做是不合适的，但焦点会谈植根于学生自己对未来的期待，以及能通往未来的过去积累的成功经验，所以使得这些做法成为可能。如果一名学生在走廊有不恰当的行为，老师既可以批评、警告他(她)，也可以利用这个机会通过提问来提醒学生记住自己的目标。这样做既指出了学生们的不良行为，同时又给了他们一个新的选择："如果上一周你完成了你的目标，这一周你走进教室，老师会注意到什么呢？"又或者，有个学生一整天都表现不好（还没有到需要退学的程度），那么老师就可以问他："你做了什么让你自己可以免于被退学？"和"如果明天会更好，那么早上到学校时，朋友们会注意到你的哪些变化？"这些问题能提到过去的成功和导向可能的积极未来，是焦点会谈很关键的部分。这些问题不仅可以在正式的焦点会谈中提出，也可以成为师生之间日常对话的一部分。

很多老师也对和学生进行正式的 SFBC 会谈感兴趣，不过他们开展这项工作有一个难点：他们自己的角色有时会决定学生的目标和任务，从而导致他们对一些特定结果过于关注（比如学生的学习成绩、课堂表现），从而难以进行有效的辅导。此外，对非常了解学生的老师而言，他们很难一直出于真正的好奇心去向学生提问，而是会提出一些与学生的不良表现有关的问题。不过，有些老师因为对学生（和自己）正在承担的辅导角色很明确，还是有能力可以处理好这些问题。他们会在该特定会话中，表现得与其他角色或多或少有些不同。

外聘教练应如何帮助孩子？

专业的态度

如果你是被学校聘请的教练，你首先要弄清楚学校聘请你的理由。此外，你对工作的看法和对成功的标准都是非常重要的。你应该在条件允许的情况下，多花点时间在教师办公室和老师们相处，这样能得到老师们更多的理解和支持，你也能更好地融入学校。基于我的经验，SFBC模式对学校里所有的正式和非正式会谈（无论是教师办公室或走廊里的非正式谈话，还是更为正式的研讨或会议），都有很好的效果。

比如，在开始上班之前我和一位老师在办公室的咖啡机旁聊了几分钟：

老师：我今天不在状态！我有点害怕去班里上课。

教练：如果你今天在最佳状态，当你走进教室，同学们会注意到你什么呢？

老师：嗯（思考性停顿）。晚一点我会告诉你！

史蒂夫·德·沙泽尔说SF会谈"只是谈话而已"，我并没有直接反驳他，我的经验告诉我直接找机会与他进行SF谈话，这要比向他解释SF会谈更有用一些。

学校有自己的规定、仪式和程序，SF教练详细地了解这些，会对后续会谈有所帮助。比如，有一次一名学生在第二次谈话中说截至这次会谈他在任何方面都没有变得更好，之后整场谈话就卡在了这里。会谈结束后教练回到办公室，礼仪导师在办公室里说到这名学生在努力配合学校的着装规定，没再穿运动鞋上学了。如果当时教练也注意到了这个重要变化，那么刚才的第二次会谈就能顺利进行下去了。

与孩子建立合理的契约

教练的首要目标是为来访者提供服务，协助来访者朝着目标的方向前行。尽管如此，教练工作也不能完全让来访者任性地自由选择目标。在商业领域同意来访者以不去上班为目标，或在运动领域同意来访者以放弃运动（如打网球）为目标，都是不可取的。同样，在学校里教练也只能让来访者制定不违反学校规定、符合学生身份的目标。比如，以旷课为目标就不是合适的目标。哈里·科尔曼（Harry Korman）描述了 SF 教练和来访者达成契约的有用标准，建议这个契约应是来访者想要实现的，也是教练认为合理的，以及来访者和教练希望共同达成的。当学生提出的目标不合理且不现实时（比如永远不再上学），教练要告知学生认清自己的处境和身份，及时放弃这个愿望。

教练：你的最大期待是什么？
学生：我想上什么课就选什么课。
教练：你觉得它发生的概率有多大？
学生：0。

教练：好的。所以如果你是一名现实主义者，你还希望什么？
学生：我希望我的态度能更好一些。

　　教练（以及学校里的所有的专业人员）还必须充分了解学校的安全规定及学校的保密界限。教练必须在一开始就要清晰地告知每名学生安全的重要性，无论是对自己还是其他人。当在学校发现教练对象有高危表现，比如自残、服药、犯罪、性行为，或者教练对象之前受到过虐待、正在受到虐待的时候，教练要知道如何处理。SFBC模式并不擅长风险评估，教练在进行风险评估时，要跳出SFBC模式，有时可以考虑上报给学校的学生安全负责人。如果这时候有其他机构正在为该学生评估、应对和降低风险，教练可以通过与其他专业人士的有效合作，一起帮助来访者。

　　在实践中，比起那些聚焦探索学生问题的辅导模式，SFBC面对的隐私问题要少一些。虽然在传递信息前总是要征得来访者的许可，但是如果教练对其他老师传递学生们取得的成功和他们的目标之类的信息时（尤其当被告知的这些老师对学生来说很重要的时候），大多数学生会感到很高兴。当整个学校每个老师都在使用SF方法时，个体辅导会谈工作就能扩展到学生在校的每时每刻。比如礼仪导师对学生们按规定穿鞋的行为进行短暂的表扬，其效果有时候会超过教练。

　　如果教练和学校之间能够达成共识，从服务的角度出发来共享信息，对教练的进展是很有帮助的。有些学校会想要让老师们了解学生的"最大期待"和进步，以便他们能更精准地提供后续支持。通常只要学生们了解了学校和老师获取他们这些信息的意图，学生们就不会对此提出什么异议。

除此之外，信息也需要以其他方式传播。教练被告知结果，以便能够证明教练的价值。教练结果与现有学校衡量标准的一致性越高，就更容易、更能够证明教练过程的有效性。大多数学校都有行为监控系统，教练内容通常与学生的行为相关，因此教练工作的有效性也能体现在学生行为报告卡上内容的变化。

与孩子的最大期待保持一致

从教练中发现儿童或青少年的最大期待并不总是那么容易，但在大多数情况下，它也会以非常直接的方式呈现出来。行为不良的小学生很少感到快乐，因此他们的目标往往是想要变得更快乐。感觉不快乐的小学生的行为方式常常令他们的老师和父母感到困扰，当教练引导他们描述如何才能感到更快乐时，他们经常会提到与家人、朋友、老师之间的关系。感觉快乐的小学生，他们的行为表现通常还不错，因此他们得到的积极反馈又能给他们更多的鼓励。同样，当表现不好的小学生的行为有所改变后，也会开始获得周围人的积极反馈，这样他们也能感到快乐了。对初中生来说影响最大的是学习成绩。成绩差会给未来就业带来不利影响，很多十几岁的青少年已经意识到了这一点。虽然他们可能还没有找到好的学习方法，但绝大多数并没有放弃继续寻找。如果学生和教练之间没把目标讨论出来，SF的教练会谈就无法进行下去。"你对辅导的最大期待是什么？"这个问题需要得到一个彼此都认可的答案，这个答案界定了目标以及教练的走向和终点，它要能激发学生的想象力和动力，而不仅仅只是符合学校的规章制度。比如："我不骂人不打人（无论是对老师还是学生都不动手）"。这本就是学校的基本要求，是无法激发学生在新的方向上做出努力的，而提出以上答案的学生可能会被要求进行"愤怒管理（anger management）"。

教练：关于我们的会谈，你的最大期待是什么？

学生：愤怒管理。

教练：你希望通过"愤怒管理"给自己带来什么改变？

学生：让我在学校不再有这么多麻烦，让我可以更好地学习和做事。

教练：你希望未来会发生什么改变？

学生：我将来很有可能会找到一个好工作，还有我想我会变得更快乐。

教练：如果这次会谈能帮你更好地投入学习，并在某种程度上让你的未来感到更快乐，那是不是就意味着这次会谈是有用的？

学生：是的。

以这种方式，教练可以引导学生朝着一个明显更有益的目标努力，而这个目标也是符合学校的行为标准的。我们需要再次强调：无论有多困难，教练和来访者都需要建立一个教练目标，否则我们无法进行提问。

在初中阶段，老师们都很忙，想和孩子的负责老师经常会面是不可能的。如果有机会提前和老师会面，了解到他们对学生的最大期待，对今后的会谈是有用的。不过，这并不代表教练用老师的期待去代替孩子的期待，而是教练能带着两者的期待一起去进行谈话。而且，老师和学生的期待在很多时候都是差不多的。在学校，如果学生不遵守学校规则，就会有不好的行为表现。改善不好的行为表现能减少学生和老师、学校的冲突，而减少冲突能够缓解他们的压力、带来更多的幸福感和快乐。

从以下例子中能够看出，学生和老师期待的结果往往是十分接近的。

这是学校教练辅导中教练的"最大期待"
- 学生对自己感觉更好，更自信地来上学。
- 学生在学校和课堂上能有更好的表现。

- 学生能拥有良好的人际关系。
- 学生能提高自信心和情绪管理能力。
- 学生能提高注意力以及培养应对事情的能力。

这是学校教练辅导中学生的"最大期待"
- 能忽略不好的评价，去外面不再恐惧。
- 提高自信心，特别是周围有其他同学的时候。
- 能应对复杂的环境。
- 在学校时感到更快乐和放松。
- 能改善学习、促进同学间的友谊。
- 能完成更多的任务，更有条理，而且能自己解决遇到的麻烦。
- 能控制情绪，并在课堂上保持冷静。

当然并非所有情况都是如此，有些不按常理出牌的学生会有和老师完全不一样的期待，并在合作的同时热切地想展示出自己的独特性。比如一名男孩把鞋放在学校门口，午休和放学时就穿回他的运动鞋；一名长期旷课后返校的女孩决定将她这学期的出勤率保持在80.5%，比针对她和她家人的法定诉讼要求的出勤率高出5%。她正在为考取一所艺术学校而努力，但她至少在精神上还是存在一些反抗的情绪。

在教育和教练过程中存在着一些必须遵守的学校规定，来访者可能为了实现更高的目标而不得不同意遵守这一系列的规定。因此，在学校，教练经常要使用"双轨"策略（一条是"来访者轨道"，还有一条是"机构轨道"）。这个策略是很有用，尤其是当学校给出的辅导议题不能让儿童和青少年提起兴趣的时候，我们可以通过"来访者轨道"来探索孩子们想做的事情，然后邀请他们在学校和生活中去完成。

这是学校教练辅导中小学生的"最大期待"

- 不过于焦虑，让自己更放松。
- 提高自己在运动方面的表现。
- 更迅速、更高效地完成日程表上的任务。
- 在写作中运用更多的好词语。
- 更勇敢。
- 更加坚定自我。
- 保持专注。
- 在家帮忙做更多的事情。
- 和妈妈相处更融洽。
- 更慷慨、更大方。
- 多交朋友。
- 在课堂上更踊跃地发言。

第6章　学校生活对孩子的重要性

- 勇于拒绝他人。
- 学会倾听。
- 控制住自己愤怒的情绪，在课堂上认真听讲。
- 和朋友相处时尽量保持冷静。
- 诚实待人，不说谎话。

资源谈话

当得到"最大期待"问题的答案后，接下来就要对孩子们想要的未来进行提问了。在这之前，可以引入"资源会谈（resource talk）"，这是了解学生的最佳办法，尤其当学生看起来积极性不高时特别有效，这能为他们提供一个新思路。

杰德（Jed），14 岁

杰德是一名九年级的学生，在会谈中，他说他不知道自己为什么要来这儿，不清楚自己对教练过程的最大期待是什么，也不知道别人对他接受教练的期待可能会是什么，而我自己之前也没有获取到他的任何信息（在忙碌的初中，连对学生情况的最起码的文字说明都没有）。他一边吹口哨一边抬头看着天花板。我问他擅长什么，他说足球。在回答我的问题"一名优秀的足球选手需要什么"时，他明显话变多了，强调了"良好的沟通"和"以身作则"这两项重要的技能。接下来我们转而讨论了他在学校擅长哪些科目和他最喜欢的一门艺术,但是杰德看起来参与会谈的积极性仍然不高。因此,我引导他展望未来,询问了他的职业愿景。令人吃惊的是,他想成为一名工程师,但是他对科学老师特别不满,很多节科学课他连教室都没去。当我问他是否愿意继续上课时,他给了我一个微微遗憾的表情:"当然。"我认为几乎每次会谈(即使是最有挑战性的),都会有一个切入口。接着我问了杰德一个显得无足轻重的问题:"让我们想象一下,明天上学,科学课上的你变成了一个认真学习且表现出色的人。当你走进教室,你首先会注意到什么?"这个问题很快就将杰德带到了一节他表现不错的科学课上,那些表现包括了杰德之前提到的"良好的沟通"和"以身作则"这两项。虽然这些提问占用了大部分会谈时间,但我还有点时间询问他曾多少次努力做到了待在教室里上科学课,以及他从中对自己有了哪些新的了解。后来我得知一直处在退学边缘的杰德努力改变了自己的行为,避免了退学。

  事先得知学生的信息有利也有弊。在上面的案例中,如果我提前了解了这名男孩的情况,那么当他说自己不知道为什么在这儿时,我可能会质疑他的话,这可能会让我失去他的信任。正因为我事先没有去了解,所以当时我没有选择,只能去信任他,也信任整个教练过程。显然在这个案例中,信任得到了回报。关于事先是否需要了解学生的信息以及了解多少信息量,不同的教练有不同的看法。

教练如果真的需要学生的信息，最好的做法就是请推荐人提供少量他们认为你必须事先了解的信息（有的推荐人想告诉你学生的信息，有的则认为你只需要了解最基本的信息就够了）。

SFBC 会谈技巧

保持中立态度

初看时，会觉得 SFBC 跟其他辅导模式大相径庭，并且它不太可能从实践中发现的一点是：如果来访者朝设立好的目标发展，行为表现上真正发生了改变，这时教练越是努力要促成这种改变的发展，来访者改变的速度就会越发放慢。因此教练需要告诫自己，对事情的结果要保持中立态度。尽管如此，这并不意味着我们对学生的感受不敏感、不关切，也不是意味着我们不关心学生明天会发生什么。只是我们越是投身于引发改变、寻找解决方案，学生就越不容易投入。在学校环境下，这种中立态度有时很难维持，因为很多教练在教练中会有自己明确的想法，也想让来访者实现他们的期待和抱负。SF 教练当然也想达到这样的教练结果，但是实践经验表明当我们不去推着来访者改变，而是专注于引导他们对发生改变后的样子进行描述时，结果往往会更好。比如，与其问学生"需要做什么"来实现一个小小的改变，不如问"如果做了这样一个小小的改变，学生会注意到什么不同"。虽然我们还不清楚为什么这样做更有效的理由，但也许是因为这样看起来教练没有比学生表现得更迫切，也并没有用力把学生往一个特定的方向推。可如果教练越是表现得想看到某个结果，学生往往就越会出现逆反心理，抗拒就会开始出现。这样一来我们可能就再也听不到学生自己说出能进步的最佳方式，还可能会错过许多小细节以及可能对结果产生重要影响的部分。

停留在问题表面，不追根探底

学习 SFBC 的人，即使当深究的问题到了顶点，也要让自己依然停留在问题的表面，这是一个很大的挑战，能做到是很不容易的。

许多年来，有关心理、成长和提高表现的教练模式的主导话语都是以问题为中心，问题式对话在学校被视为帮助儿童和青少年的最佳方式，这不是没有依据的。为了找到问题的解决方案，认为问题需要被理解，那么就需要对问题追根溯源，这在表面上是符合逻辑的，它也是目前嵌入在西方文化中的科学的医疗模式。

传统的会谈旨在深入探究问题、查找原因、纠正损害，这样做并非没有效果，但过程可能会是痛苦的，还可能要花费很长的时间（对一名处在退学边缘的学生而言这段时间太长了）。而且有时过于刨根问底会给学生带来耻辱感，这对孩子来说代价太高了。当常规的心理辅导不足以支撑孩子坚持到问题解决时，教练技术就为履行这一责任提供了另一个途径。

现在，很多学校里的专业人士越来越关注 SF 的方法，因为这种方法可以为更多的儿童和青少年提供服务，同时又对学校其他同龄人的地位没什么威胁。一些学校发现了焦点问题解决策略的诸多优势，将其应用于各个层次的操作中，并自称为"以解决焦点问题为中心的学校"。比如位于得克萨斯州奥斯汀的加尔萨独立高中和斯德哥尔摩的 FKC。对于有些学校的专业人士来说，SF 的方法仍然不是首选，特别是在教练对问题缺乏关注的情况下。

其实 SF 教练并不恐惧问题。在学校里，所有老师包括辅导老师，都要去关注学生正在经历的痛苦，这本身就是为了营造一个安全、友爱的学校环境。他们愿意去了解问题，但不会去细究问题或者思考问题发生的原因，因为他们的对话取向是不同的。相反，他们想帮助学生具体而现实地描述一个解决问题之后的生活或者一个可选的而又有可能实现的未来以及过去取得的成绩。这些描述不会试图去对每一个问题做出解释，也不会深入探究隐藏的意义，我们也不会用心理学的理论去理解孩子们的想法，而是希望孩子从自己的话里去倾听和学习。教练不是利用提问来了解孩子，提问题的目的是为了让学生能了解他们自己，了解他们自己所拥有的力量、资源和无限的可能性。

能停留在问题表层，不深究细节，是 SF 教练方法的核心技能之一。学习这个技能具有一定的挑战性，但它也是教练成功的基础。

对其他不熟悉 SFBC 的专业人员来说，这看起来是一种肤浅的方法，并没有真正的处理问题，但其实通过这种方法 SF 教练会发现自己得到了越来越多与问题相关的信息。虽然 SFBC 对各种各样的问题和领域都有效，但是它被划归为一种处理表面或不严重问题的"软"方法。在这种被误解的情况下，向同行们解释这个方法背后的观点和技术有时是有用的，另外我们要相信事实胜于雄辩，少解释，多做事，才能逐渐赢得尊重。

玛丽亚姆（Maryam），12 岁

玛丽亚姆是一名七年级学生，由学校教练部门一位非常有经验的人员约翰（John）推介给我们。玛丽亚姆不喜欢在课堂上或个别教练会谈中发言，也不和任何一名老师说话。她只在学校跟朋友讲话，在家里和家人讲话。虽然她也在进步，但学校很担心她的学习和整体发展水平。她给大家的印象是非常安静的，曾在小学课堂上发过言。关于教练，约翰的最大期待是玛丽亚姆能在学校的课堂上发言，能和老师说话，能更充分地融入到学校生活中去。

第一次会谈时，纸和笔派上了用场。她用画画和写以及点头和摇头的方式与我交流，开口说话的次数非常少。在第二次会谈中，她可以更轻松一点地和我进行对话了，但还是会写写画画，我发现她很享受用写字和画画表达自己的过程。她告诉我，她也想在课堂上发言，她的理想是成为一名医生，在此之前她从未告诉过别人自

己的理想。我们把玛丽亚姆的教练目标界定为做她现在能做的所有的事情，只要这些事情是有助于她接近自己梦想的。

SF 的提问帮助儿童和青少年探索自我、了解自我，而不是把那些在某些方面存在欠缺的孩子直接定义为"问题儿童"。相反，可以把他们看作是有抱负和有着各种可能性的个体。玛丽亚姆开始画她可以先在哪些课上发言，画里她坐在课桌前，并把想要在课上说的话写了出来。她画了朋友们在冲她微笑，其他同学则表现出一副吃惊的样子，而老师们的脸上有着大大的笑容，并没有表现出很吃惊的样子，似乎她的发言在老师的意料之中。玛丽亚姆还想做更多的家庭作业和阅读题来帮助自己提高学习。她画了自己放学回家后在餐桌上写家庭作业和在床上读书的场景。在家里能更大声地说话也是玛丽亚姆的一个目标。她画了自己嗓门比姐妹们更大时的场景，甚至比下班回家的父亲说话声音还要大，这样父亲就能听见她说的这一天发生的重要的事情了。在对话中，我总是通过提问来了解已经发生过的一些迹象，比如问玛丽亚姆"当你大声说话时，父亲会吃惊吗？这种情境什么时候发生过吗？"通过自己的描述，玛丽亚姆开始发现，许多事情她已经在做了却没有意识到，因为她之前一直过于关注自己的沉默。玛丽亚姆想起来她在课上的小组活动中已经开口说过一次或两次话了。她曾参加过一次面对全班进行的小组报告，她当时说了一句话作为报告的引言，这让她在当时还有点自豪感。但是她已经忘了自己曾经的表现，别人似乎也不记得了。她还想起来有时会在自己房间的床上看书和做家庭作业，还有父亲下班回家时她也曾努力大声说话想让父亲第一个听到她的声音（因为她得找父亲要些钱参加学校组织的外出活动）。

在最初几次会谈之后，学校注意到玛丽亚姆的一个小进步：她在一门课上和一名助教对话了。在我和约翰的一次定期讨论中，他问我是否发现了玛丽亚姆为什么一直不在学校开口讲话的原因，我说我没有。"那么你认为她为什么不讲话？"他继续问我。我回答说"我不知道"。约翰又问了我几个关于玛丽亚姆开口讲话的原因的问题，但得到的回答都让他失望，然后我问约翰对玛丽亚姆的进步怎么看，约翰说他对她的进步感到满意。

促进自我认同的提问

在学校教练实践中，利用促进自我认同的提问方式与孩子交流特别有效，因为学校虽然一直努力营造一个积极正面的学习环境，但学生经常需要与别人给他们编造的负面故事做斗争，比如"她是霸凌者""他运动不行""他不合群""她制造谣言"。另外，大一点的儿童和青少年则对他们是谁、他们能干什么、别人是如何看待他们的这些问题特别容易产生焦虑的心理，易于接收到负面的信息。在教练过程中利用促进自我认同的提问方式，从孩子和对他们重要的人的视角来讨论问题，对缓解这种焦虑心理非常有效。比如，当教练听到孩子最近或者更早前取得成功的一些事件时，可以提问："这让你对自己有什么新发现？"或者我们可以借助提问把未来的成功和过去经验联系起来，比如："有哪个足够了解你的朋友会相信你一定能实现自己的目标吗？"此外，"力量卡片"（详见第8章）也十分有助于学生建立正面、积极的认同感。在会谈一开始或进行的过程中，列出那些能代表学生正面行为的力量卡片，这能帮助他们识别自己在一个具体事例中可以利用到的品质，让他们更清楚地意识到自己在某件事情中所利用到的是自己的哪些优势。如果这些也与学生最大期待的目标是一致的，还可以选择一种品质作为自己下一周表现中关注的重点。有时学生还可以问问朋友，他们什么时候观察到这一品质了。如果教练是本校老师，也可以去发现"证据"，证明学生具有这些技能和品质。

学会等待，改变的过程是漫长的

焦点解决并非魔法

在教练看来会谈十分成功之后，紧接着来访者却在学校表现出不当行为，这种情况是有可能发生的。一次教练过程是否有效，来访者才最有发言权。尽管如此，这个过程中的所有相关人员都会产生自己的看法。学校里的教练工作，对相关人员都高度透明，教练会明显感受到巨大的压力。不过，咨询室外的这些"插曲"是很有帮助的，因为它们提醒我们，儿童和青少年自己才是创造奇迹的主角，教练扮演的角色微乎其微。

现实中儿童和青少年会以小步伐的节奏发生细微的变化，但是学校往往不能立马察觉。有进步的现象当然也会有退步的现象，对教练来说，退步也是一个机会。这可以帮助儿童和青少年探索他们是怎样努力回到正轨、继续向前的，挖掘他们用来面对挫折的力量及做出的新尝试。如果你明显观察到孩子们的退步，那么在下次会谈时你可以提出来，比如"你是如何避免事情变得更糟的？""这个礼拜的哪些时候你做到了扭转局面？"或"你有注意到自己是怎样更好地应对挫折的吗？"这些提问能提醒孩子去留心那些不一样的事情，以及发现更多与他们希望发生的事情一致的信息（或者你也可以选择等孩子们自己主动来告诉你）。应对挫折是儿童和青少年需要发展的一项必要技能，对他们提问过去是怎么应对挫折的，能帮助他们发现一些自己都不曾注意到的使用过的应对方法和策略。

艾利（Ali），12岁

七年级的男孩艾利来参加教练是他自己和学校一起提出的，目标是管理愤怒。愤怒给他带来了很多问题，他希望能让自己保持平和的心态，而非时常发怒。在第一次会谈中，他列出了保持平和心态的他看起来会是什么样子的，以及这会让他的生活有什么不同。

在第二次会谈中，他十分愉悦地说起了自己上一周的进步，我们仔细地探讨了这些事情。会谈结束后，他回去上课，却和另一个男孩发生了争吵、打斗，甚至举起了一把椅子。第三次会谈的时候，艾利告诉了我事情发生的经过，他感到很懊悔。我问他是什么给他继续坚持改变的动力，他说希望妈妈能为他感到骄傲。我们谈论了过去他是怎样处理类似的困扰的，他说当他能抵制住愤怒，能在生气时控制自己时，母亲就会为他感到骄傲。艾利还留意到虽然他举起了椅子，但在当时的情况下，他并没有把椅子扔出去，也没有准备拿椅子去砸教室的窗户。以前他真那么干过，即便在当时班里还有人阻止的情况下他也那么做了。相反，这次他是自己停下来的，他把椅子放了下来。艾利觉得虽然自己感受到内心对打架事件的羞愧，也还是出现了一些能让妈妈骄傲的可能性，这让他感到更开心了，因为他发现挫折也成为了他朝着正确方向前进的一步，只是他未曾留意过。

艾利"保持平静"的清单

1. 早上7点如果邻居正在很大声地放音乐，也要友善地和邻居说话（不大吼大叫）。

2. 和家人说"早上好"（不争吵）。

3. 和家人说"再见"。

4. 即使要迟到了，也不会在离家前大喊大叫。

5. 在参与球赛的过程中，学会询问他人："你还好吗？"

6. 即使在参与球赛中被别人截球，也要学会接受。

7. 如果有人在操场嘲笑，就转身离开。

8. 让导师看到你的微笑。

9. 多说"是"和"对不起"，而不是与其他人发生争吵或争辩。

10. 即使面对不公平的情况，也不要对老师大喊大叫，要耐心地跟老师解释。

11. 不再那么喜怒无常，变得更有趣了。朋友们也乐意跟你一起玩耍。

12. 让自己更放松，尝试多去几次俱乐部，不再害怕面对困境。

13. 去学校的"支持部门（Support Unit）"，帮助自己放松心情，保持冷静。

14. 学会放松心态，不必事事都放在心上。

布置家庭作业

我有时会询问学生能不能给他们留家庭作业，对此他们经常会目瞪口呆地看着我，但当我说完作业就是请他们观察自己的表现，看看哪些是与他们的目标相符合的时候，他们都表示很喜欢这个家庭作业。"进行新的尝试，下次会谈讲给我听"也是我推荐的可以给学生布置的家庭作业。我还让他们试着去表演一下当目标已经实现后的生活状况，看看与现状会有什么不同。仅仅只是表演而不是需要他们给我一个肯定的承诺，这往往对孩子们很有吸引力。在接下来的会谈中，也会顺理成章的对表演过程进行具体的探讨。我发现，布置家庭作业能帮助一些孩子记住和聚焦他们的目标，特别是当他们在生活中有很多其他事情要做时。不过也经常有学生没有完成家庭作业，这也没有关系，下次会谈并不是要以完成家庭作业为前提的。

教师和心理辅导员的加入

在学校，来访学生的推荐人会加入教练工作。他们因为充分的理由推荐学生参加教练，因此对教练效果抱有的最大期待。推荐人也可能只是教练过程中的联络人，负责传达其他老师对学生接受教练的期待。有时，推荐人是老师或年级负责人，但在人数很多或很忙碌的学校，往往会是心理辅导人员或学校支持部门的员工来做推荐人，他们推荐的是他们部门了解的学生或学校老师要求接受教练的学生。

有时可以邀请推荐人或心理辅导人员参加第一次会谈或是后续的会谈，有时是学生要求这样做，有时也可能是推荐人希望参与进来并分享学生的"最大期待"。作为教练的同盟军，学习导师是教练会谈中的最佳辅助，他们可以鼓励学生回答，提示学生想起自己这一周的进步和良好表现或十分具体地讲述进展顺利的事情。学习导师和学生的关系十分密切，所以可以用这种方式帮助学生表达他们自己的看法。学习导师不同于教练的角色，能让会谈焕发生机。

在会谈中和翻译人员一起工作听起来充满挑战，不过这也正好提供了一个让教练过程慢下来的机会，各方都可以有更多的时间思考、卸下年轻来访者被关注的压力。以我的经验，这个过程中也会有很多乐趣。翻译人员可能会对教练提出的问题感到惊讶，使咨询室的气氛更活跃；也可能他们了解和喜欢 SF 方法，会给予学生很多鼓励。在某一次会谈中，学生在清单上列出了自己上一周完成的 25 件积极的事情，这充分体现了学生对翻译人员的充分信任。

有时心理辅导人员或学习导师会不定期地出席会谈，学生们也可以在老师面前进行会谈，有一部分学生会选择直接口述从上次会谈以来自己的进步。这种借助"他人视角"的方法，特别当这个人就坐在面前时，能产生更多新的可能性。教练可以在询问学习导师之前询问学生："他们觉得学习导师会注意到一些什么？"反之亦然。学生也可以请学习导师继续留心并表扬他们在会谈外的良好表现，这能提高学生的积极性，巩固进步的成效。对另外一部分学生而言，借助量表以编码的方式和学习导师谈话更适合他们。

有些学生十分乐意邀请学习导师或心理辅导人员出席他们最后的一次会谈，一起庆祝他们已经实现的所有转变。这需要教练和学生提前为最后一次共同会谈做计划，不仅仅是把最后一次会谈作为整个教练过程的回顾和总结，还要计划很多其他的事情。比如，在我工作过的一所学校，接受教练的学生一般会进行六次会谈，学生可以邀请一位老师出席他们的最后一次会谈。这场会谈包括果汁、蛋糕和赞美，这些赞美不仅是对学生的赞美，还包括学生对工作人员给予他们帮助的赞美。

对所分享信息的回顾可以提前进行，但这往往需要更多的讨论。如下例所示，不同的专业人士对此有不同的处理。

费利佩（Flipe），14岁

费利佩希望自己在课上可以积极地站起来发言。他喜欢他的导师，导师给予了他很多的支持，私底下反馈说他有进步，他对此非常的开心。有一天，我在教师办公室里和费利佩的导师提起费利佩对自己这一周的表现很满意，给自己打了8分，她看上去很吃惊并对我说："我不认为他可以打到8分，我认为可能是5分或6分。"我们讨论了量表对于直观地呈现进步的重要性，与某个确切的分数相比，更重要的是费利佩注意到自己做了什么，也就是他给自己打8分的依据。我们还谈到当费利佩的量表分数从6分进步到7分或者8分时，她会注意到他的哪些表现，以及她对他进步的信心，还有为什么费利佩的自评分这么高，从她的角度来看同学们会给费利佩这周的表现打几分。费利佩的导师很好奇，费利佩会认为她会给他打几分，并请我下一次会谈时询问他。以上谈到的量表已经从一个整体的评价工具进化成一个解锁许多可能性的工具。

关注孩子在课堂上的表现

WOWW（Working on What Works）持续运用有效的策略，是茵素·金·柏格和李·希尔茨（Lee Shilts）两人共同合作得出的理念。它的意思就是"观察是什么在起作用"，因为它应用在课堂上本质就是观察。其原理是当某个学生被贴上"差生"的标签时，该生其他表现良好的方面往往就会被忽略。老师不可能在课堂上时时刻刻都观察每一位学生，这时候能有一名观察者在课堂上观察的话就可以随时发现学生们表现良好的方面，当然这也需要老师愿意合作。

为了确保老师们不将这视为监控其教学能力的一种手段，教练可以提前给老师们开一次培训会，研讨项目运作方式以及他们希望每个人的收获是什么。这个模式的结构很简单：在一节课开始时，老师向全班同学介绍教练。我们发现在第一次介绍时，如果有管理层人员出席，能有助于强调教练对每个人的重要性和价值。全班同学会被告知教练在这里只是进行观察，在这节课的最后5分钟时间里，教练会和全班分享他所观察到的所有好的方面。将这个观察模式在其他不同的课上重复几次。观察次数取决于很多因素，一位老师告诉我们应该进行10次观察。我们每门课至少观察4次，并持续了几周的时间。在此期间，老师们和教练有过一次交流，一起讨论事情的进展和解决方法。项目结束时，还会有一次会议进行回顾和深入讨论。

我们发现召开教师团队会议是很有意义的，但是在学校可以用来开会的时间往往非常少，这也是学校领导参与和支持项目至关重要的原因。教练在开会时也可以使用 SF 技巧，通过提问来引导大家关注已经取得的进步、能体现进一步进展的信号，以及利用量表来探索大家对进步的不同感受。

在实际观察课堂的过程中，教练要迅速、详细地记录他看到的每一个好的方面，包括老师和学生之间良好的合作状态、学生安静学习的时间段、学生好的提问和回答、学生之间发生争论或不良行为后的结束方式（而非它们为何发生）等。教练最好时不时在教室里转一转，询问一下学生的姓名。在下课前教练差不多能记录 30 个好的现象，这时他可以选择其中几个以及相关学生的姓名说给大家听（这对提到名字的学生是巨大的鼓励）。随着观察的进行，教练可以使用不同的方法来进行观察。比如，我们发现组织学生玩游戏是一个非常有效的方式，大家可以一起猜一猜教练列表上会有哪些好现象（包括多少件）。当课堂看起来很糟糕的时候，这个方法特别有效果。当学生们的预期是教练应该看不到什么好的方面，而教练却出乎意料地说出了一些他们眼中的良好表现时，学生们会非常的开心（这期间也可以引入量表）。另一个方法是，可以在某节课刚开始时询问学生们对今天这节课的期待是什么，这样在下课前就能一起回顾这些期待。

请注意这些观察完全是针对学生的，教练通常不对老师的行为提出任何建议。不过教练也可以对自己印象特别深刻的事情表示欣赏和赞同。多数老师会觉得课后与教练一起讨论的几分钟很有收获，这也是教师会谈如此有价值的另一个理由。在伯格/希尔茨的模式中，提供了关于教练在课堂上利用 SF 模式对老师进行一对一培训的资料。

在项目实践中，我们得到的反馈表明，如果学生在行为上发生了可观的积极改变，那么班级的凝聚力也会随之提高。正如一名八年级的学生所言："告诉我们自己有什么好的表现就像是拥有一个成就，当有人说你有很多做得好的地方，人们就会想要继续努力，这样他们就能得到更多的赞赏。当他们得到的赞赏越多，他们就能接到更多来自家人的暖心的话……他们的父母会感到开心，他们自己也会开心，这样一来，不论是在学校内还是学校外，事情都能朝着好的方向继续发展。"

SFBC 也适用于教职工

有的 SF 教练也可以给学校的教职工做教练，在为学生提供教练服务的同时，帮助教职工应对其职业和个人问题。这种方法直接、简单和聚焦未来的特点，使其对学校的教职工具有吸引力；而关注教职工自身的资源和想法，以使事情变得更好或更快乐，意味着 SF 教练不需要掌握任何特殊的教育技能或知识。事实上，有时候具有特殊的教育技能或知识反而可能会阻碍教练的有效进行。在我们提供过教职工教练的学校，从大家积极的反馈中，有以下几点值得强调：

·这项服务很方便、时间短，而且就在学校里（根据我们的经验，有些学校也很重视为教职工提供校内咨询）。

·在拥有专业的SFBC知识之后，有些教职工发现利用SF技术帮助同事也很有用。

·自己接受过SFBC辅导的老师会更愿意推荐学生也使用SFBC服务。

·接受过SFBC辅导的老师发现，对学生使用SF技术是非常有效的。

教职工对SFBC的反馈

我发现这些教练真的有用，我喜欢这种技术。它可以发现我的优势，让我的思维更清晰、注意力更集中。

会谈让我有时间思考，大声说出我的想法，记住我想要的并把想法付诸行动，我已经向同事推荐它了。

教练模式拓展了我关于实现目标的视野，事实上我已经转变了自己对目标的态度。

案例分析

赛达（Saidah）：短暂的生命和无限可能性

赛达是一名女孩，她来做咨询既是她自己的请求也是学校的推荐，她感觉自己在学业上遇到了困难。对许多学生而言，按时上课和认真学习是一个复杂的过程，它既是一次教育的旅程，也是一次情感的旅程。

第一次会谈，我问赛达她对咨询的最大期待是什么，她说想要找到一个办法让自己在学习上能感觉更好。她想要更积极，想要能够相信自己可以通过每门功课，而不是觉得"有什么意义呢，反正我都会失败"。我问赛达如何感觉能感觉到自己变得更积极了，她回答说："去上所有的课，不缺勤。能按时完成作业，跟上每门功课的学习进度。"她把这些描述为"给自己一个最好的机会"。我们探讨了这些对她的重要性。她告诉我，为了家庭，也为了自己将来能有一份好的工作，她想要做得更好。

这次会谈余下的大部分时间里，关于"给自己一个最好的机会"这个主题，我问了赛达很多问题。她想要寻求老师和其他同学的帮助，在课上多发言，不要被错误吓倒。她注意到自己已经做到了其中一些，比如最近她求助过一次，她在某节课上大胆地说出了自己的想法，在犯了一些错误后仍继续努力完成作业。在量表上的 10 分代表她给了自己最好的机会，0 分则相反，她给自己的分数是 3 分。我问她为

第6章 学校生活对孩子的重要性

什么是在这个位置而不是更低位置,赛达说最近还加入了地方图书馆,和老师有了更多的对话,即使有时候仅仅是说"我不知道"。

在后续的会谈中,我们探索了赛达的更多进步。赛达开始提高出勤率,在课堂上和与他人的互动上都有了改变,有些同学甚至开始寻求她的帮助,这使得她愿意更多地表达自己的想法,觉得自己能学好。赛达还开始坐得离其他同学近一些,并向他们询问一些事情。我问她"其他人会注意到你改变了什么",她给出的答案相当丰富,描述了大家是怎样开始看到她身上更多的变化的。

到了第四次会谈,赛达认为她达到了9分的位置。她和别人谈话和交流思想的次数越来越多,在犯错后也能继续努力。比如,即使答错了老师的问题她也感觉没关系,在老师的要求下她愉快地重做了一份作业,她将这视为一个给自己"最好的机会"的过程,而不是一个说明自己失败的例子。我问赛达,谁对她的所有变化最不感到吃惊。她回答说:"姨妈",姨妈是看着赛达长大的,"她知道我本来就可以"。赛达说,其他人也开始看到了她的改变了。最后一次会谈,赛达说了很多当她达到10分时会有的表现,并表示这也是她的目标。我问她,当达到10分时,什么会让她对自己充满信心。赛达的回答是,到那个时候她就成为了一个能坚持、不害怕尝试的人。并且也成为了一个喜欢自己也"对别人开放"的人。赛达注意到这两点已经给她的学业带来了很大的不同,她对我说:"我以前总是自我封闭,现在我很开心。过去我总是认为大家不喜欢我,但我现在回头看，我想当时是我自己不喜欢自己。"

最后我请她为处境与她过去相似的其他同学给一些建议，她说："生命太短暂，去爱自己，没什么是不可能的。"

科尼（Keni）：选择不寻常的路

科尼是一名八年级的男孩，因为经常打架，被推荐来这儿做咨询。他说其他同学经常找他的碴儿，让他感到很不开心、很生气，然后就大打出手。同时，科尼表现得很有野心，他说他想出名，想开一家酒店；想要好成绩，长大后想赚钱和买帅气的衣服。学校希望科尼能控制好自己的情绪，科尼的最大期待则是他可以在学校表现得更好些，这样将来就能实现自己的愿望。我们一起探索了在学校以什么样的生活方式更有助于他实现所期待的未来目标。我鼓励他尽量详细地进行描述，他说要更积极地参与到课堂中、忽略其他同学对他的负面评价、改变走路的方式、试着微笑、主动与他人交谈、经常和他人一起打篮球。我请科尼告诉我其中一些描述具体是什么意思，因为他对戏剧很在行，所以就把交谈、微笑、专心听讲、回答问题都用角色扮演了一遍，还在咨询室里向我演示了怎样以不同的方式走路。

当我们评估进展时，科尼注意到他在某节课上听讲更专心了，并且在另一节课上他和其他同学之间的交谈也多了一些。在后面的会谈中，他不断地发现他已经做到了他期待未来中的一些部分，这让他自己都很惊讶。我询问科尼这些改变让他对自己有了哪些新发现，他说看到了自己正在走一条和之前不同的路。科尼对我说他认为自己能和别人相处好，可以加入球队，年级再高些时也许能领导一支球队。他还告诉我，当他七年级时，他认为"和别人建立关系不适合我"，而如今他正在考虑在校外也和同学建立更多的社会联系。科尼继续忽略同学对他的负面评价或找碴儿行为，让自己保持冷静，也很少打架。他努力专注于学习，与同学进行更多地交流。这些事情与他实现期待的生活息息相关（不仅限于愤怒管理这一点），对他来说很重要。在最初几次会谈后，我又陆续去看了科尼几次，他和学校的相关人员反馈说咨询对他非常有帮助。尽管也有过一两次退步的情况，如在操场上非常生气，但他很好地控制住了，他继续在学校里走着属于自己的不同的路。

　　学校想让科尼能管住他的愤怒，在一定程度上咨询已经实现了这一目标，但绝非通过聚焦于"愤怒"，或强调"保持冷静"来实现的，而是通过引导他描述他想要的学校生活。

第 7 章

如何应对多变的社会环境？

第 7 章 如何应对多变的社会环境?

教练可以在学校外的各种不同情境中对儿童和青少年进行指导。除了私人诊所,教练还能在法定部门和志愿项目以及其他教育机构和高等教育学校中开展工作。

无论是哪种情况,重要的是要确保教练和来访者之间的交流与机构要求教练做的工作是相符的。在学校往往更简单,因为老师们已经习惯了与不同的校外专家一起工作。而小型志愿机构或志愿项目的情况则有所不同。在刚开始的讨论中,可利用一个 SF 的结构来帮助解释会谈工作的过程、结果和界限。教练有必要询问机构对他的期待,并了解机构会如何评估,另外还需要对会谈内容的保密程度达成共识。此外,还需要定期举行例会以确认教练正在朝着机构的目标前进,讨论哪些方面进展顺利,以及决定是否要做出适当调整。

SFBC 的结构简洁明了,不涉及任何复杂的心理学理论或有关转变过程的复杂观点。教练会谈的目的和特点对所有人来说都很好理解,相关机构的工作人员不会有被拒于千里之外的感觉。这有助于确保教练服务与机构之间的充分沟通,而不仅只是作为一项外部介入的服务。有时参加辅导的孩子会很高兴见到机构的其他工作人员,他们乐于听到别人对自己在教练中的表现的反馈,或者向他们表达自己有哪些进步之处。需要注意的一点是,我们要尊重孩子的隐私,有些孩子会希望对教练内容保密。

适用于不同的场合

　　SFBC 简洁直接的特点意味着它能适用于很多不同的工作场合。它不仅适用于预算有限的法定部门和私人诊所，对小型志愿组织和慈善机构来说也是非常不错的选择。通过在这些场合的长期应用结果来看，更简约、更创新的 SFBC 已经获得了成功。SFBC 以来访者为中心，尊重和真诚的态度，对绝大多数机构来说也达到了它们最基本也最重要的要求。SFBC 邀请来访者展望自己期待的生活，并且找到属于他们自己的、独一无二的实现期待生活的方法。

　　SF 模式以来访者为中心，灵活的评估标准使得它能广泛适用于各种情境、议题。比如：领养家庭可以使用 SF 教练技能帮助他们领养的孩子快速融入家庭；社区工作者可以使用 SF 教练技能帮助他们更好地处理社区问题等。有效地使用 SF 方法已经有很长的历史了，其中也包括青年人群体。青年人利用自己选择的交流工具，借助电话、电子邮件和在线支持服务使用 SF 教练技术开展工作和学习，并且对 SF 教练技术感兴趣的青年人也越来越多。所有这些情境中的 SF 工作模式都会保留一致的结构，但也会有些许的差异性，比如其中某些类型的 SF 问题可能会比另一些更受欢迎。这些差异是由来访者引起的，因为他们在会谈中的内容都是独一无二的。

　　下面我列举了三个我自己曾使用过 SFBC 的其他场合：

第7章 如何应对多变的社会环境？

1. 一家关注生活受外貌影响的儿童、青少年和成年人的慈善机构。

2. 一家为那些孩子参与法定儿童服务的家庭提供咨询服务的慈善机构。

3. 一家通过体育和艺术活动对弱势青少年群体提供帮助的慈善机构。

项目一

这个项目是为有成员受外貌缺陷影响的家庭和个体提供实践和情感上的支持，也为相关的教育和健康机构提供培训。我的工作是为儿童和青少年服务，主要是面对面交谈和以电话形式进行个别辅导。这个项目包含了信息、工作室、团体和同伴支持等很多服务项目，我的工作也是其中的一部分。

这些家庭有的是主动联系这个慈善机构，有的是因为各种原因被推荐过来。这些来访者可能是家里有外貌缺陷的新生儿家庭；可能是担心孩子不知如何在新学校向他人解释自己外貌问题的父母；也可能是想要更自信、独立地面对自己外表的孩子。提供各种服务的关键在于尊重他们的过往经历、帮助他们认清自身的优势和资源、支持他们对未来展开积极的想法，因此SFBC非常适合这个机构的工作。

在会谈中，父母们想要知道自己做的事对孩子来说是否正确。他们关注怎样对孩子示范自信地谈论自己的不同，以及如何面对他人的反应。孩子们感兴趣的是走出家门去见人（而不是躲起来）、怎样面对未来的恐惧以及期待，还有怎样正面地应对人们的评价和提问。当孩子们说起自己期待的未来时，经常会回忆起自己过去成功的经验，而困难和挑战的经历（其中有很多）也能成为探索自己拥有的力量和资源的机会。以这种方式，SFBC 能帮助受影响的家庭、儿童和青少年展望未来并朝着他们想要的生活努力，然后合理利用他们所经历过的困难和挑战，把这些经历转化为他们现在和未来生活的资源。

慈善机构的这些服务会带来很多变化。比如，公众对此议题关注度的提高增进了个人的自信心，而机构对个体开展的工作也能够提升他们在机构群体中的形象和知名度。这样，改变开始在不同的方向不断地发展。SFBC 也具有这样的效果，来访者在会谈中说起他们的最大期待并且开始慢慢实现他们想要的生活，然后他们依靠自己的力量继续前进，改变他们自己的生活和身边的人。

项目二

这个项目是给那些孩子正在接受或需要儿童服务的家庭提供建议和支持。我在其中的工作是支持父母参加有关儿童保护、家庭支持或儿童检讨的会议。我有儿童保护和家庭支持方面的社会工作经历，因此我能够提供关于儿童保护和当地政府程序方面的专业知识，同时我的 SF 教练技术还能帮助家长用正确的方法表达自己的想法。

我接触到的许多父母都是年轻人，他们对养育孩子和被批判很焦虑也很担心。他们对参加教练的最大期待往往包括：能在会议上发言，表达和描述他们在生活中已经做出的改变，以及他们能保障孩子未来的安全和健康。我邀请他们尽可能具体地描述未来，他们会谈论自己想要为孩子创造的家庭生活的样子，自己追求的目标，比如上大学或找工作。每个年轻人的愿望和描述都是独特的，在描述生活的过程中，他们似乎已经真的开始了那种生活，他们逐渐意识到自己已经做了一些有助于实现理想生活的事情，这可以帮助他们在会议上主张权利和要求公正。很多时候我的工作像是一名辩护人，在听证会之前，对这些人开展教练式的辅导。

项目三

这个项目也是在一项慈善机构中提供教练服务，工作对象包括多次违法的青少年，弱势青年和处境危险或已经失学、失业且离家的孩子。他们中很多人经历过无家可归、被他人虐待、去过收容所、去过法院，甚至有些进过监狱。这个慈善机构的使命是通过让他们参加有针对性、规划清晰的艺术活动课程，让这些被边缘化和异化的孩子发掘、释放他们的潜能。

　　课程会为孩子们设置一些有挑战性的目标，并为他们达成目标提供有力的支持。有些项目还提供一对一的指导性会谈，在会谈中，孩子可以认真考虑自己对这个课程或他们对外面的生活的期待和目标。很多孩子想要更自信地谈论自己的感受，他们描述的期待中的生活往往非常简单又各不相同。对这些孩子而言，他们的生活经常充斥着暴力和沮丧的情绪，还会和重要的人失去联系，因此即便他们的期待很简单也并不容易实现。在西方，我们错误地将简单视为容易，将复杂视作困难，可这些孩子似乎从未犯过这个错误。他们往往用简单而清晰的语言向我描述他们的期待和愿望，并帮助我理解这些简单期待具有挑战性的原因。一名学生对我说他想要可以开始和别人聊天，之后他注意到自己的变化是：他在课间休息时坐得离别人近了些，还摘下了耳机。另一名学生说他的改变是在排练时走到了前面而不是躲在别人后面，对人们的注视也没有感到害怕。很多孩子谈到他们想要更多的尝试和冒险，或是能在众人面前认真地讲话，"而不仅仅像是个笑话"。除此之外，他们还想要以一种更积极的方式去生活。有一个孩子告诉我们她知道要怎么做，她说她会不去听那些伤感的慢音乐、多吃一点，并会在自己想拒绝的时候能果断说"不"。还有一个孩子在一次会谈中告诉我们她意识到："你不能等自己感觉好了再去做点什么，你得做点什么才能让自己感觉更好。"

第 7 章 如何应对多变的社会环境？

在这个项目中，孩子们切身体会到他们可以做一些以前觉得自己做不到的事。在取得这些成绩的过程中，他们发现自己在挖掘自我优势，还发现有一些其他微小的改变正在发生，这些发现共同编写着一个新生命的故事。在外界观察者看来，这些事情都是微不足道的，但对这些孩子来说却意义非凡！在教练的过程中，一位女孩告诉我，她已经在尝试做一些新的改变。我继续询问她时，她说她讨厌自己的脚，但是在活动课上，她已经可以把袜子脱下来。她还说起初她喜欢待在教室后面，后来慢慢可以走到教室前面了。这对她来说，是一个巨大的成功。其他孩子也在做一些新的尝试：比如在演播室里表现得更有活力；结束一天的课程后和其他人有更多的互动；开始信任他人并和他人一起学习。他们其中一个孩子说："我把我自己更多地呈现出来，不仅仅是一次表演，而是关于一个把原来隐藏起来的自己重新展现出来的全新的故事。"

孩子们还在教练中提到他们想要能为自己做主，学会忽略别人的赞许（"我在学习忽略别人，建立我自己的界限"），并在生活中能自己做出决定，以不同的方式和人们说话（"帮助人们不那么害怕我，这样我也能对他们更友好"），或只是保持"低调"。有些孩子则想要让自己保持足够的平静，去完成那些他们自己想做的事情。还有一些孩子想知道怎样从愤怒的情绪中走出来，继续前行。SFBC 中的聚焦未来对这些孩子来说非常重要，他们当中的很多人都因此得到了帮助。一名女孩在教练刚开始时告诉我："我现在的生活一直都很艰难,但是我希望我能谈谈我理想中未来的生活。"另一名女孩告诉我:"我厌倦了不停地说我的生活出了哪些问题。以前我那样做过了,如果你还要问那些方面的事情,我选择离开。"不过最后她留下来了。

列清单是很多孩子可以使用的一个非常有用的教练工具,它鼓励孩子去发现哪怕很微小的关于成功的线索。比如一名女孩列出了她对自己满意的、她有更积极地参与的 20 件事情;一名男孩注意到自己正在尝试去做的 25 个好的改变。列清单时如果列出其他人注意到的某个孩子的积极表现,还可以帮助这个孩子发展积极的人际关系。比如,我邀请酒店工作人员列出孩子们做的 10 件让他感觉很好的事情;邀请狱警列出某个孩子不会再进监狱的 25 个理由;邀请一名女孩列出她被朋友欣赏的 15 件事情;邀请另外一名女孩列出过去和现在关心她的 10 个人(她写了 15 个)。我发现,使用卡片对一些孩子来说很有用。比如记录他们的期待、资源和优势的卡片。我还会使用其他孩子的卡片作为提示,再邀请他们添加属于自己的信息(详见第 8 章)。

这些孩子开始探索关于他们自己的新故事,他们会发现这些故事并非只是在自己的生命中转瞬即逝,而是一条从过去通往未来的清晰道路,并且与他们周围许多重要的关系有着密切的联系。在这个项目中,孩子们以艺术活动课程作为媒介和 SFBC 技术的语言力量,释放了他们构建属于自己新生命的故事的潜能。

孩子在教练过程中的具体描述

当我更努力一点点的时候，我感觉到更轻松，而不是更累。

我让别人先上公共汽车，这时我表达出了对别人的尊重。

我试着说"我能行"。

现在我知道我能当一个好人，人们真的可以很喜欢我。（我不坏）

我知道了我能努力学习和工作，我甚至知道自己能克服内心的恐惧。

我不会再疲惫和不自信地待在床上什么都不干了。

这是我现在所想的：我是强大的，即使面对打击，我仍然会振作起来。

直到第三天，我仍然觉得这不是我想做的，它不适合我，我想停下来……这是我一直以来的思维模式，可现在我的想法不同了，或许我可以去尝试更多的新事物。

过去，我觉得有很多事情让我看上去很蠢，现在我不这样认为了。那时或许是我自己觉得自己很蠢，并不是所有人都这样认为。

过去，我放弃过很多事，因为当我想去尝试的时候，我认为自己不可能完成。现在我不再有这种想法了。

案例分析

萨米亚（Samia）：一个新袋子

萨米亚是一名 16 岁的女孩，她是被她的社工推荐来参加第三个项目的。萨米亚离开了家，经历了很多的困难和挑战。

萨米亚告诉我，她总是把自己的想法扔进一个袋子里，然后无视它们（这样做挺难的）。这些想法都是一些关于她的自我批判，萨米亚想要对自己不那么严厉，能开始变得更加自信，不要总是想着放弃自己。这时我想到也许可以有一只不同的想法袋，让萨米亚能有所不同，变得自信，以及改变做事的方式，于是这些就成为了我们的工作目标。我问萨米亚，如果明天早上起床时她更自信了而且开始以不同的方式做某些事了，她会注意到哪些改变。以下是她的一些想法：

· 早上第一件事是照镜子和微笑。

· 在公交车上抬起头。

· 往排练室前面坐或者至少坐在中间，而不是往后坐。

· 保持好心情，并通过善意的玩笑或对别人友善来传递好心情。

· 在活动课上更专注，即使觉得有点难，也能继续待在教室里上课。

· 午餐时坐得离他人近一些。

· 和他人相处时把耳机取下来。

第 7 章 如何应对多变的社会环境？

我们对这一天进行了更多的讨论，包括别人会对她有什么反应，以及她会做出怎样的回应。在这次对话的过程中，萨米亚发现自己已经开始在改变了。比如，坐得离其他学生近了一点，没有那么频繁地离开排练室等。我们探讨了她是怎样做到的，别人对此的反应如何。萨米亚说当她坐得离其他人近一些的时候，会有一或两名学生跟她说话；当她继续留在排练室的时候，也会有人主动帮助她。

在一个0~10分的量表上（10分表示萨米亚变得更自信了，并以她自己想要的方式做事情，0分则相反）。萨米亚给自己打的分数是1.5分，当我问她是怎么知道自己处在这个位置而不是更低时，还有没有其他的证据。她想了想，然后说至少今天早上她照了镜子，虽然她并没有对自己微笑。当我再次问她"还有什么"时，她想了好一会儿，然后说："我知道萨米亚就在这里的某个地方，她只是被隐藏起来了。"这是一个使用"还有什么"式SF问题的有趣的例子，它可以用来帮助来访者发现自己的资源、成功例子，以及看到希望，而这些经常很难被发现。在量表评分上取得进步的证据是萨米亚注意到自己没有很快就放弃，而是坚持尝试各种事情，并且认为错误仅仅就是错误，并不代表完整的她。

在这次会谈结束之前，萨米亚说她没有了解到自信的她会是什么样子，直到她开始谈论自信。当听到自己详细地描述自信，这让她看到了新的可能，并开始朝着这个方向努力，她感受到了某些事情正在发生改变。

在第二和第三次会谈中，萨米亚注意到一些更细微的变化。起床时，她能看着镜子里的自己微笑；她能注视排练室镜子中的自己久一些。这些改变促使她在排练室里进行了更多的尝试，即便事情有一些挑战性的时候，她依然可以继续待在排练室里。老师和同学也都注意到了萨米亚的变化。教练课程使萨米亚有充足的机会来练习这些小改变，于是她能继续进步而不是止步不前。后来萨米亚觉得在教练结束后，她也能继续提升自信和发展新的处事方式了。她对自己的未来抱有很大的期待，对自己可以做的工作类型也有了新的想法。简而言之，萨米亚已经不再放弃自己了，教练的结束对她来说是一个非常好的新起点。

肖恩（Shayne）：从顺利切开培根开始

肖恩是一名17岁的男孩，他是被推荐来参加第三个项目的。他住在家里，他希望与所在街区的一些帮派团伙脱离关系。

肖恩对教练的最大期待是：最大程度地利用在此次活动中的教练时间。肖恩说当事情变难时，他总是选择放弃。刚参加活动那几天，他觉得这个项目不适合自己，也想过退出。每天早上他给自己做培根早餐的时候，他发现自己想的是：没必要着急做早餐，去参加活动也没什么意义。但工作人员绝不会轻易让任何一名学生退出，哪怕他经常迟到甚至缺席。工作人员坚持联系他，鼓励、支持和劝说他继续坚持参加活动。后来肖恩发现，他与这个活动渐渐有了更多的联系，也来上了很多次课，参加了很多次会谈。

肖恩对自己的期待是最大程度地利用教练的时间，并收获很多改变，同时这也是我们的教练目标。我问肖恩，当他在教练过程中获得成功时，他会注意到什么：

- 按时起床，做包含谷物和培根的早餐吃，按时到会谈室。
- 晚上困了就上床睡觉。
- 参加教练的时候，挑战一些自己恐惧或害怕的事情。
- 在会谈室不做任何扰乱秩序的行为。
- 尊重教练，回答问题或至少认真思考教练的问题。
- 凡事都尽全力，而不是半途而废。
- 在休息时间和其他同学更多地交流、积极地表达自己或开启一段新的对话。
- 假设同学对他的谈论都是积极的或平和的态度，而不是抵触的态度（除非被证实）。

然后我们讨论了上述这些行为与冒险有多大关系，肖恩说他曾觉得自己过去是一个冒险者，但都比不上他现在面临的挑战，也就是要在教练过程中去做那些他害怕做的事情。对肖恩来说，重要的是记住把自己视为能冒险的人，而不是一个当事情变得有一点点难度就放弃的人。也许，这就是同一个行为的不同方面：肖恩可以通过继续冒险来坚持（而不是不放弃）目标。

在第二次会谈中，肖恩很自豪地说，他能好好"切培根"了。这并不容易，但他做到了！他和我们分享了他按时完成的每一件事情：他做到了早点睡觉，搞定复杂的伦敦早交通对他来说也不是难事了。关于他是怎样做到的，我们一起探讨了很多。肖恩还注意到了一件事情：早上起床时，他想到的是自己已经在做的新的尝试（去上课），而不是总是想过去放弃的某件事。我问谁看到他早起了，他说他妈妈开玩笑地说："你生病了吗？太阳打西边出来啦？"这时他哈哈大笑起来，家里的气氛也变得十分活跃，这让他感觉自己更有活力了。我问他还感觉到有什么地方不同，他说他在课堂上没有扰乱课堂纪律的行为，也没有转头去讲话了。我问他其他同学对他的改变是否有不同的反应，他说有一两位同学问他："你怎么了？"他说他的回答是："我想在这个课程里多学点东西。"令他吃惊的是，同学们对他的回答表示非常赞同，也开始和他一样做出改变，这让他感觉很开心。我很好奇这件事让肖恩对自己有了什么新的认识，肖恩说他觉得自己可能也具备一点领导力。我问他还有哪些方面需要补充吗？过了一会儿，肖恩说他意识到不久前他在街上的活动也开始有一点不同了。虽然他还在和朋友一起玩，但是他远离了其中一些特定的活动，这是他已经在做自己却没有注意到的一件事情。

在后续会谈中，我继续和肖恩一起探讨他做了哪些事帮助自己取得了教练的成功。有时候肖恩还是会遇到困难，但他仍然会继续努力。我问肖恩还有谁看到了他的进步,他说最给力的评价来自于一位老朋友,他曾对这个朋友说起他在课上学得有多么努力,得到的回应是"这听上去像是在进行一项工作!"要知道肖恩从未有过一个工作!

  教练快结束时,肖恩觉得自己成功了。这有一部分归功于他自己的努力,还有一部分归功于教练引导肖恩做了不一样的尝试。肖恩告诉我他认识到的一件最重要的事情就是"第一次尝试感觉不喜欢的事情并不意味着它就不适合我,也许这里面会有比我认为的要多得多的学习内容"。对肖恩而言,他成功了,开始有一个全新的属于他自己的故事,这一切都从他在早餐时顺利切开培根开始。

第 8 章

借助材料更好地
与孩子沟通

第 8 章 借助材料更好地与孩子沟通

我们多次在书中提到在儿童或青少年的教练过程中使用了很多 SFBC 的材料。这一章我试着总结这些内容，并提供了部分材料范例，便于大家在教练过程中使用，也希望可以鼓励大家开发和使用自己的材料（如果你还没开始这么做的话）。在教练过程中自己设计材料而不是拿现成材料用的教练，往往能使会谈内容更贴近儿童或青少年。比如，绘制一张特别适合这个孩子的想法或抱负的量表。这里说的材料并不一定要非常精致或昂贵。你可以在脑中构思这些材料，或者当有需要的时候，着手准备一些材料，也可以在制订教练计划时就考虑使用某些特定材料。

材料如何使用最有效？

SFBC 是一种会谈技术。会谈通常对儿童和青少年很有效。语言对很多孩子来说有一种魔力，特别是对年龄特别小的孩子来说就像"魔杖"，比如奇迹提问。不同于对成年人的教练，我们不会要求儿童和青少年有那么多信念上的飞跃。儿童通过想象游戏来学习和理解世界，非语言的交流工具可以是会谈的一个很好的支持和扩展（尤其适用于那些语言技能仍在发展中的幼儿）。

有些儿童或青少年会感觉他们的问题不好直接表达，特别是当对方是成年人、专业人员以及属于自己家庭和朋友圈子之外的人时。还有些孩子集中注意力的时间很短，总是在会谈时难以专注地参与其中。也有些孩子精力特别旺盛，更多地利用身体进行交流有助于他们集中注意力。

首先要明确一点的是，任何材料的使用都应被视为 SFBC 整体过程的一部分，而非作为独立或随机活动开展。它们是一种交流工具，是用来增强会谈而不是取代会谈的。它们可以是非正式的，也可以是有计划的；可以偶尔使用，也可以有规律地使用。但无论如何都要从儿童或青少年的需求出发。我们认为材料可以提供更多的查看、领会、记忆、扩展、重新描述、接纳、巩固、发现和庆祝的功能。

焦点解决取向中使用材料的目的不是帮助教练解释和理解"现在的真实情况"，或是去评估孩子。这些材料的目的是帮助孩子认清他们的期待、描述实现目标的各种方法以及强调他们取得的进步。我们不会试图"朝下看"，相反我们要尽可能地通过材料来靠近自己面前的这个孩子，我们称其为"停留在表面"。

材料可用于教练过程中的任何一个阶段。比如"力量卡片"可用在会谈的开始，通过聚焦和肯定孩子的优点和技能，以积极正面的方式开启一次会谈。孩子的期待可以画在、写在或记录在一张小小的"教练卡片"上，可以把理想中的未来画出来或做成一个表格或思维导图。量表可以在会谈中现场设计或提前制作，也可以直接利用周围的环境来设计。孩子可以选择把已经取得的进步记录在一张教练卡片上，其他发现有进步的迹象时也能这样进行记录。还可以选择给孩子提供"积分卡"，或者把"积分卡"交给一直在帮助他们的人。表格、绘画、思维导图（后面有样例）和教练卡片都能在整个会谈过程中使用，以此促进探索过程，学会从别人的视角看处理问题的策略以及他人是如何看待（或认同）自己的。这些材料不是用于记录而是更多地作为会谈的动力，帮助儿童或青少年进行探索、回忆和期待。

很多地方都可以找到材料。比如会谈所在场所、附近的自然环境（比如进行一次"SF散步"，或利用自然环境评估，详见第2章）、你手边就有的材料（比如纸、蜡笔、玩具）。在会谈中或会谈之前自己设计的材料以及别人设计的材料，都是可行的。有些材料是特别为SF设计的，还有些材料可以用SF的方式来使用。如果你发现了什么很好用的材料，记得和大家分享！

不同类型的材料

力量卡片和资源卡片

力量卡片有很多种，很多公司都有生产，每张卡片上写着不同的品质和技能。我用过最好的一套来自于圣路克斯的创新资源（St Lukes' Innovative Resources）。我们有很多套适合不同年龄的儿童或青少年使用的材料，它们通常包含30张色彩明亮的卡片，上面印有描述品质的简单语句和图画，比如仁爱、诚实、勇气和忠诚（或与这些品质有关的活动和问题）。有时候，在会谈过程中，它们就放在桌子或地板上，借助它们，儿童或青少年一边会谈一边就"记住"了自己所拥有的品质或技能。有时，我在会谈一开始就会使用它们作为导入，帮助孩子们思考他们所具备的品质或技能。在后续会谈中，我也会继续使用它们，找出上次会谈结束后他们利用过哪些自己的品质或技能，一共用了多少。我最愿意采用的一种形式，是让孩子们说一说在下次会谈之前，哪种品质或技能是他们想要用得最多的。此外，即使只是简单地给卡片进行分类也有助于提醒儿童或青少年他们所具备的不同品质或技能，无论他们是带着什么问题来进行会谈，这些总能和教练过程联系起来并发挥作用。在实践中，你总是会找到更多运用这些卡片的机会。比如，孩子的朋友、家人、老师最欣赏他们的哪些品质，他们最乐于看到孩子们在生活中运用哪些技能。儿童或青少年还可以邀请一位朋友、家人或老师帮助他们找到或赞扬他们对某种特定技能或品质的使用。

还有一种突出孩子良好品质的方法，这种方法改编自马修·塞莱克曼的想法，它的具体做法是为孩子提供一个视觉的"身份"描述。首先在一张大纸上（有挂图纸和透明胶带就可以了）画出孩子的轮廓，然后用"魔法棒"在轮廓图上方画出所有孩子的不同资源和技能。

教练卡片

教练卡片可以购买，但其实它们制作起来也并不难。你只需要有卡片、剪刀和蜡笔就行。如果需要大量使用，你可以买一台小型覆膜机。自制教练卡片的好处是可以根据你的工作风格和当前的议题来制作相关的卡片，并且你在家里就能制作卡片，或在会谈中和孩子一起制作。孩子们会很享受这个过程，特别是当你给他们提供装饰这些"艺术作品"的贴纸时。而且孩子们都喜欢帮助自己的朋友，我制作过一些"重要提示"的卡片，用来鼓励儿童或青少年与其同伴分享自己的想法。当某个孩子汇报一项成功或成就时，我们就会看看这是否能概括成一个小贴士。这么做一方面巩固和强化了这个孩子的成功，另一方面这有助于在学校和其他情境中营造一种互相协作的氛围。下面介绍了一些我使用过的卡片：

示例1：教练卡片

这里展示的教练卡片包括："期待""感谢""干得好"和"继续做下去"（详见图8.1—图8.4）。

材料资源

教练卡片

姓名

你参加教练的最大期待是什么?

你的优点和技能有哪些?

图 8.1

材料资源

教练卡片 荣誉

姓名

你认为哪些事情需要感谢?

图 8.2

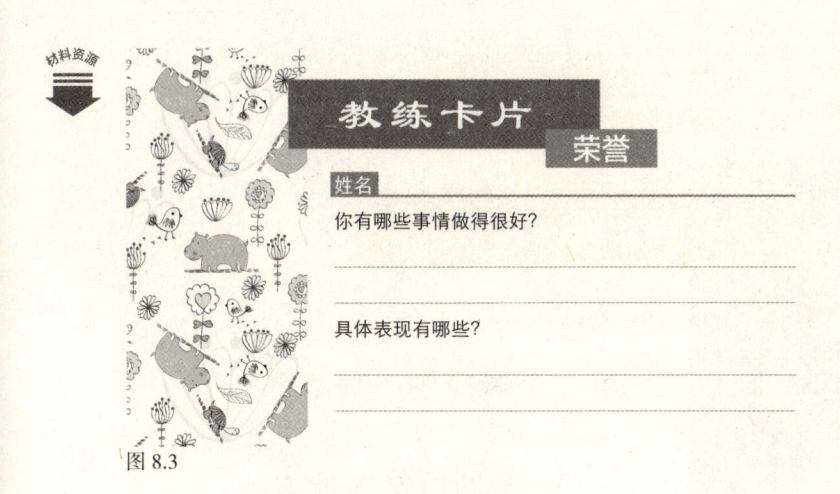

第 8 章　借助材料更好地与孩子沟通

材料资源

教练卡片
荣誉

姓名

你有哪些事情做得很好?

具体表现有哪些?

图 8.3

材料资源

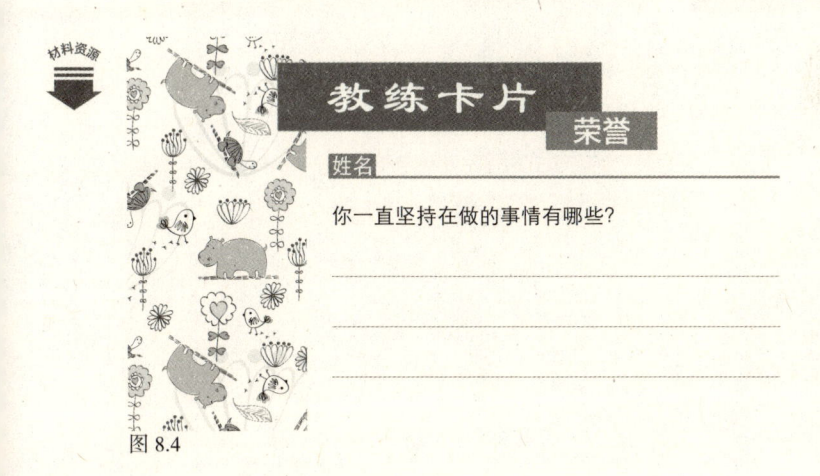

教练卡片
荣誉

姓名

你一直坚持在做的事情有哪些?

图 8.4

重要提示卡片:"不要为别人而改变,要为自己而改变"(详见图 8.5)。

图 8.5

第 8 章 借助材料更好地与孩子沟通

量表

量表不仅只是利用数字，还可以有很多不同的形式。大多数量表都是在会谈过程中设计和绘制的，不过，有时预先准备好与孩子的特殊兴趣联系在一起的量表，也会很有用。比如，为年龄较大的孩子提供滑雪板量表，为年龄较小的孩子提供滑梯量表（这些都是朝下走的量表）。朝上走的量表适合一些正在经历着困难和挑战的孩子，而与运动相关的量表可能会为孩子们生活的其他方面提供一种测量方法。比如，一个由难度越来越大的滑板动作或舞蹈动作组成的量表，又或者直道、宽路、台阶、楼梯和山峰组成的量表（当你把孩子视为独一无二的个体时，就会产生各种不同形式的量表）。我有一大堆自制量表，孩子们很喜欢。为了更活泼有趣一些，我有时会使用一种"跳跳表"——把标着数字的纸片散放着，孩子们必须跳到他们选择的位置。大一点的儿童或十几岁的青少年可能更愿意使用一个专属于他们的特定量表，因此这些量表是可以保密的。量表可以就在辅导室里制作，比如在地板上做标识，或者利用附近户外的自然材料或植物来做。

有时，我会让孩子们带走一小沓量表和贴纸，这样他们就能坚持记录自己在量表上的位置。量表拿回来的时候我通常会给他们留很多贴纸，因为位置天天都有可能变化。认识到这一点，有助于孩子们对保持进步更有信心，他们还可以一起讨论在过去几天/周/月中孩子在量表上达到的最高点。

示例 2：量表

这里展示的量表包括：小型数字量表（图 8.6）和图形量表（图 8.7）。

图 8.6

第 8 章　借助材料更好地与孩子沟通

材料资源

图 8.7

205

清单

对儿童和青少年来说，列清单的好处很多。对于大家都在期待的事情，列清单总能帮助我们找到更多例子。一份长清单会使孩子们更容易想到可以添加进去的内容，也许是因为他们认为长清单意味着内容可以更随意（如果我看到的是一份20件而不是3件事情的清单，我就会加上一些不那么严肃的内容）。清单还能帮助儿童或青少年写出一些对他们很有用而他们自己容易忽视的事情。我认为一份清单（比如一张在会谈前写了20或30个项目的清单）会对儿童或青少年起到激励作用，他们会看见那些数字，看到自己怎样填满清单，它的效果与量表相似。

在实践中，我会使用各种各样的清单，包括标了数字和没标数字的清单、最大期待和未来愿景清单、事情进展顺利的清单、哪些事情值得注意的清单等。

示例3：清单

这里展示的清单包括："一个信任我的人：理由清单"（图8.8），"最大期待，它将会是什么样子的清单"（图8.9）和"进展顺利的事情的清单"（图8.10）。

第8章 借助材料更好地与孩子沟通

材料资源

相信你会成功的人有哪些？

这个人相信你能成功的理由是：

1
2
3
4
5
6
7
8
9
10

让更多人相信我能成功的事情有：

1
2
3
4
5

图 8.8

材料资源

你对教练的最大期待是什么？

______

______

它会是什么样子的，会给你带来哪些不同？

1 ______
2 ______
3 ______
4 ______
5 ______
6 ______
7 ______
8 ______
9 ______
10 ______

量表

1 …… 5 …… 10

______

你下周要注意的事情有哪些？

1 ______
2 ______
3 ______
4 ______
5 ______

图 8.9

第 8 章　借助材料更好地与孩子沟通

材料资源

进展顺利的事情

1
2
3
4
5
6
7
8
9
10

值得密切留意的事情

1
2
3
4
5
6
7
8
9
10

图 8.10

思维导图

思维导图是把一个核心想法以视觉的方式进行呈现的材料（围绕它生发出很多其他的想法）。它就像一幅城市地图，道路从中心向四面八方发散开来，同时又像罗马焰火筒一样，从最初的爆燃中心发散到空中。思维导图的作用与清单类似，但它们还能帮助儿童和青少年更好地发现、组织和记住材料。SFBC 的辅导特别适合利用思维导图，因为它们能抓住和记录一些表面上看来似乎不那么相关的思维和想法。正如托尼·布赞（Tony Buzan）所言："从一张空白纸的中心开始，向周边发散。为什么要这样？因为从中心开始可以让大脑向四面八方自由发散，自然地表达所有的想法。"我经常为了达到各种不同的目的使用思维导图，比如探索优点和技能；探讨最大期待和理想未来；探讨取得的进步；思考别人的看法等。把主要想法写在中心，如果需要就加上越来越多的向外的道路和分支。有时孩子们会很想带走自己在会谈中绘制的思维导图，然后在两次会谈之间填上他们想到的所有事情。

示例 4：思维导图

这里展示的思维导图包括："更自信了"思维导图（图 8.11）和"我在哪些方面变得更好了"思维导图（图 8.12）。

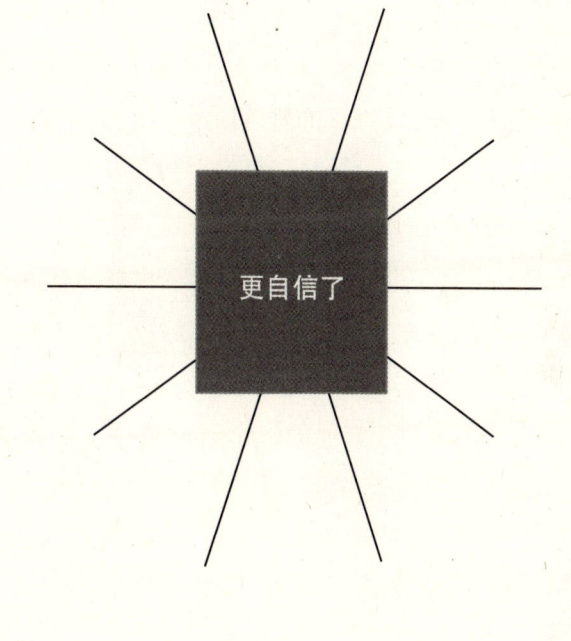

第 8 章　借助材料更好地与孩子沟通

材料资源

更自信了

图 8.11

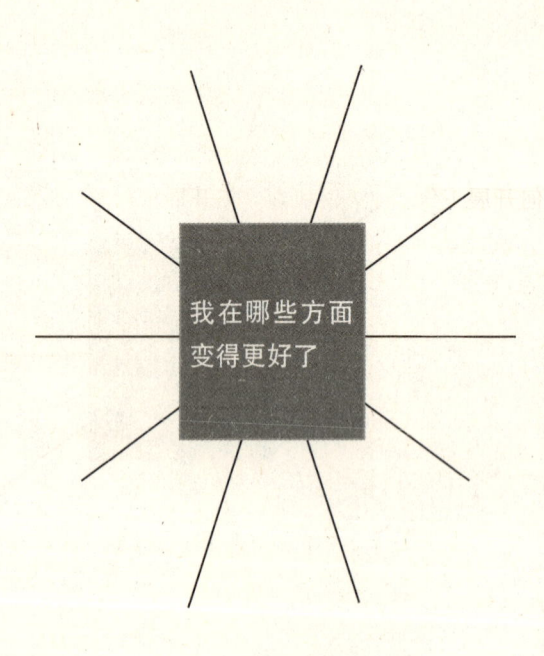

我在哪些方面
变得更好了

图 8.12

记录表

在开展对儿童和青少年的工作时，我有时会使用焦点解决的记录表，如果孩子们想要会谈记录就可以直接把记录表拿走。或许是因为他们需要应对扑面而来的大量信息，所以孩子们很容易忘记事情。有些孩子和我说过，一份简明扼要的会谈记录对他们很有帮助。因为它可以提醒他们的大脑和心在会谈结束后继续保持进步。你也可以把这些空白记录表拿给你正在服务的其他机构看看，以说明你将要如何开展工作。对儿童和青少年开展工作时，如果这是有帮助的，并且已经得到推荐机构或工作所在机构的同意，使用文本和邮件发送记录表也是可以的。

示例5：记录表

这里展示的记录表包括："教练记录表"（图8.13）和"教练项目会谈记录/指导"（图8.14）。

材料资源

教练方案
教练记录表

姓名：　　　　　　　　　　第　　次会谈／日期：　　　　年龄：

教练会谈的背景（比如机构／个人，推荐或自己来的）
_____
_____

优势、技能和资源
_____
_____
_____

对教练的最大期待
_____
_____
_____

对理想的未来的具体描述
_____
_____
_____
_____
_____

举例说明
_____
_____
_____

哪些方面在变得更好（适用于第二次会谈和后续各次会谈）
_____
_____

量表
_____
_____

想从这次会谈中得到的想法
_____

赞美
_____

请密切注意在量表上表明进步的迹象
_____

图 8.13

材料资源

教练计划
教练会谈记录／指导

姓名：
1. **开场白，热身问题**
2. **优势和技能**

力量卡片：选出你最欣赏自己的方面，和你想要多练习的方面。

你最好的朋友是谁？这个朋友会说你擅长什么／欣赏你哪些方面？

你的老师们和父母会说你擅长什么／欣赏你哪些方面？

你的宠物会认为你擅长什么／欣赏你哪些方面？

你认为自己擅长什么／欣赏自己哪些方面？

你认为自己还擅长什么／欣赏自己其他哪些方面？

你身上具备的什么使得你能擅长这件事情／这些事情？

3. **最大期待**
你对教练有哪些期待？
你希望自己在哪些事情上做得更好、有所改变或有所不同？如果事情变得更好了，会对你有怎样的好处？会产生哪些不一样的地方？
你的老师对教练有哪些期待？
你父母／监护人对教练有哪些期待？

4. **理想未来**
想象今天晚上，当你睡觉时，奇迹发生了。
想象明天当你起床，事情如你所愿都变得更好了。那么意味着事情已有所不同的第一个微小的征兆会是什么？接下来的征兆是什么？然后是……（全天）
你会在做什么？别人会对此做出怎样的反应？然后你会如何回应？那将让你对自己有什么了解？

谁会第一个注意到事情不一样了？他们会看见什么？

看到事情有所不同时，谁不会感到吃惊？他们知道你本来就能做到这些，是因为他们对你有哪些了解呢？

你的朋友们会注意到什么？

你父母和老师们会注意到什么？

图 8.14

教练计划

教练会谈记录／指导

5. 举例说明

你发现自己什么时候做了一些这样的事情？
什么时候其他人发现你做了一些这样的事情？
你做过哪些已经在帮助自己朝着变得更好的方向前进的事情？
这些可以让你对自己有哪些新的认识？

_____
_____

6. 评估（进步）

在一个1~10分的量表上，10分的位置是所有事情都在以你想要的方式进行得很好，1分则相反。现在你在哪个位置？

·哪些迹象让你知道自己处在那个位置而不是更低的位置？还有什么？还有什么？还有什么？
你的父母、老师或朋友会给你打多少分？他们为什么给你打这个分数，有哪些依据？

_____
_____

·想象你在量表上提高了1分，你会如何得知这个进步？你会注意到自己的哪些进步迹象？别人会注意到什么？

·你对取得进步有多少信心？ 10分是你完全确定自己能做到，1分是你一点都不确定。

·这个信心评估分数基于你对自己的哪些了解？

·你对提高自己的量表分数的承诺指数是多少分？ 10分的意思是你愿意做一切需要做的事情，1分意味着你一点都不在意。

7. 结束会谈

赞美：我对_____（与对教练的最大期待有关的事情）印象非常深刻。
关注：密切注意任何进步和提高的迹象
提供：指导卡片、贴纸、感谢卡、量表

图 8.14 续表

证书

庆祝进步和改变是 SFBC 会谈的重要组成部分，在与儿童和青少年的会谈中，你可以经常祝贺他们所取得的小小成功。在本·富尔曼（Ben Furman）的创新性的儿童技能提高项目中，他就把感谢和祝贺都纳入到项目中来。该项目致力于帮助儿童对自己的学习负责和发展技能，而不是由专家来分析问题并给出解决方案。迈克尔·怀特（Michael White）和戴维·爱普斯顿（David Epston）也提供了很多鼓舞人心的例子，他们将证书作为"反证"，以庆祝来访者为自己创作新故事，促进来访者继续保持进步。由于 SFBC 的性质，经常没有最后的会谈或一次代表结束会谈的机会。然而，当我得知有些场合会有最后一次会谈时，我就会使用证书，特别是对年幼的儿童。授予证书是一次总结、赏识和巩固进步的机会，尤其是证书的内容可以让孩子自己来做总结时。我还发现，对某些儿童或青少年而言，以把整个会谈过程按照具体每一步的目标和期待分块或分段的方式开展工作是更为有效的，在这种情况下，像其他材料一样，有为每名儿童或青少年进行个性化设计的证书，最为有效。

示例 6：证书

这里展示的证书包括：一张"结业"证书（图 8.15）和一张"个性化的"证书（图 8.16）。

教练证书

已完成全部教练会谈，
特授予本证书。

焦点解决教练

签名：　　　　　　　　　　日期：

图 8.15

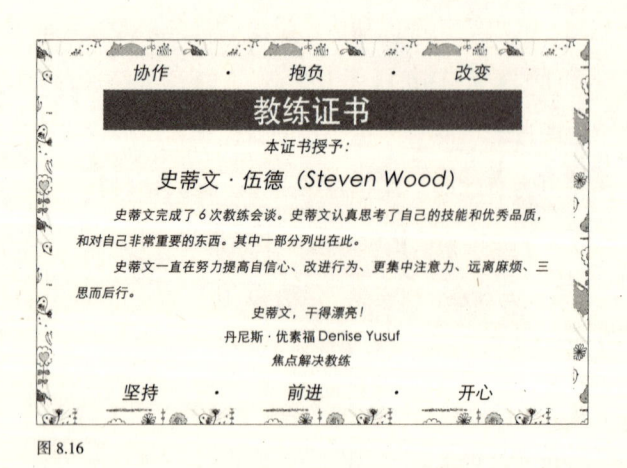

协作　·　抱负　·　改变

教练证书

本证书授予：

史蒂文·伍德 (Steven Wood)

　　史蒂文完成了 6 次教练会谈。史蒂文认真思考了自己的技能和优秀品质，和对自己非常重要的东西。其中一部分列出在此。

　　史蒂文一直在努力提高自信心、改进行为、更集中注意力、远离麻烦、三思而后行。

史蒂文，干得漂亮！

丹尼斯·优素福 Denise Yusuf
焦点解决教练

坚持　·　前进　·　开心

图 8.16

参考文献

Burns, K. (2005) *Focus on Solutions: A Health Professional's Guide*. London: Whurr.

de Shazer, S. (1985) *Key to Solutionin Brief Therapy*. New York: W.W.Norton.

de Shazer, S. (1988) *Cluse: Investigating Solutionsin Brief Therapy*. New York: W.W.Norton.

de Shazer, S. (1991) *Putting Difference to Work*. New York: W.W.Norton.

de Shazer, S. (1994) *World Were Originally Magic*. New York: W.W.Norton.

Duncan, L., Ghul, R. and Mousley, S. (2007) *Creating Positive Futures: Solution Focused Recovery From Mental Distress*. London: BT Press.

Duncan, B.L., Miller, S.D., Wampold, B.F. and Hubble, M.A. (Eds) (2010) *The Heartand Soul of Change: Delivering What Worksin Therapy*, 2nd ed. Washington: American Psychological Association.

George, E. (2012) Solution Focused questions Work better in coaching–Anthony Grant. Blog at http://www.brief.org.uk/blog/ ?p=127.

George, E., Iveson, C. and Ratner, H. (1990) *Problem to Solution: Brief Therapy with Individuals and Families*. London: BT Press.

George, E., Iveson, C. and Ratner, H. (1990) *Problem to Solution:*

Brief Therapy with Individuals and Families, 2nd ed. London: BT Press.

George, K.J. (1999) *An Invitation to Social Construction*. London: Sage.

Gingerich, W.J. and Peterson, L.T. (2013) *Effectiveness of solution-focused brief therapy: a systematic qualitative review of controlled outcome studies*. Research on Social Work Practice 23 (3) : 266–83. http://rsw.sagepub.com.

Grant, A.M. (2012) *Making Positive Change: a randomized study comparing solution-focused vs. problem-focused coaching question*. Journal of Systemic Therapies 31 (2): 21–35.

Henden, J. (2008) *Preventing Suicide: The Solution Focused Approach*. London Wiley.

Houghton, S. (2013) *Lying on the 'coach': where coaching and counselling meet*. Coaching Today Jan 2013: 10–15.

Iveson, C. (1994) *Preferred Futures–Exceptional Pasts*. Presentation to the European Brief Therapy Association Conference, Stockholm.

Iveson, C. George, E. and Ratner, H. (2012) *Brief Coaching: A Solution Focused Approach*. London: Routledge.

Jacob, F. (2001) *Solution-Focused Recovery From Eating Distress*. London: BT Press.

Jefferies, Y. (2014) Personal communication to meeting of London SF Forum at BRIEF, 7 January.

Korman, H. (2004) *The Common Project*. Available at www.sikt.nu.

Lipchik, E. (2009) *A solution focused journey*. In Connie, E. &

Metcalf, L. (Eds) The Art Of Solution Focused Therapy. New York: Springer.

Macdonald, A. (2011) *Solution-Focused Therapy: Theory, Research and Practice*, 2nd ed. London: Sage.

Miller, G. (1997) *Becoming Miracle Workers: Language and Meaning in Brief Therapy*. San Francisco: Jossey-Bass.

O'Hanlon, B. and Beadle, S. (1994) *A Field Guide to PossibilityLand*. London: BT Press.

Ratner, H. (2010) Blog posted 12 September 2011 http://www.brief.org.uk/blog/?paged=4

Ratner, H., George, E. and Iveson, C. (2012) *Solution Focused Brief Therapy: 100 Key Points & Techniques*. London: Routledge.

Sharry, J. (2007) *Solution-Focused Groupwork*, 2nd ed. London: Sage.

Shennan, G. and Iveson, C. (2011) From solution to description: practice and research in tandem. In Franklin, C., Trepper, T.S., Gingerich, W.J. and McCollum, E.E. (Eds) *Solution-Focused Brief Therapy: A Handbook of Evidence-based Practice*. New York: Oxford University Press.

Whitmore, J. (1996) *Coaching for Performance*, 2nd ed. London: Nicholas Brearley.

Berg, I.K. and Steiner, T. (2003) *Children's Solution Work*. New York: W.W. Norton.

de Shazer, S. (1994) *Words Were Originally Magic*. New York: W.W.

Norton.

de Shazer, Steve, Dolan, Yvonne, Korman, Harry, Trepper, Terry, MacCollum, Eric and Berg, Insoo Kim (2007) *More Than Miracles: The State of the Art of Solution Focused Therapy*. New York: Haworth.

Kline, N. (1999) *Time To Think*. London: Ward Lock.

Selekman, Matthew, D (1997) *Solution-Focused Therapy With Children*. New York: Guildford Press.

Szabo, P. (2006) Solution Focused Use of Scaling Questions (Strengthening Your Coaching Competency To Ask Powerful Questions). Presentation for UK ICF, November, Regent's College London.

Berg, I.K. and Steiner, T. (2003) *Children's Solution Work*. New York: W.W. Norton.

Campbell, T.C. and Brasher, B. (1994) *The pause that refreshes: opportunities, interventions and predictions in group therapy with cocaine addicts*. Journal of Systemic Therapies 13 (2): 65–73.

Emanuel, C. (2005) *Solution Focused Groups in Primary Schools*. Handout for Solutions in Education Conference organised by BRIEF 13 May.

Iveson, C. (2014) *Personal communication*.

Kelly, M., Kim, J. and Franklin, C. (2008) *Solution Focused Brief Therapy in Schools: a 360-degree View of Research & Practice*. Oxford: Oxford University Press.

Metcalf, L. (1998) *Solution Focused Group Therapy*. NewYork: Simon & Schuster.

参考文献

O'Hanlon, B. (1995) *Problems and Possibilities*. Presentation to BRIEF, 9-10 November, London.

O'Hanlon, B. and Beadle, S. (1994) *A Field Guide to Possibility Land*. London: BT Press.

Pichot, T. with Smock, S.A. (2009) *Solution-Focused Substance Abuse Treatment*. Abingdon: Routledge.

Sharry, J. (2007) *Solution Focused Group work*, 2nd ed. London: Sage.

Wade, A. (1997) *Small acts of living: everyday resistance to violence and other forms of oppression*. Contemporary Family Therapy 19: 23-39.

Young, S. (2009) *Solution-Focused Schools: Anti-Bullying and Beyond*. London: BT Press.

Ajmal, Y. and Rees, I. (Eds) (2001) *Solution in Schools: Creative Applications of Solution Focused Brief Thinking with Young People and Adults*. London: BT Press.

Berg, I.K. and Shilts, L. (2005) *Keeping the solutions inside the classroom*. ASCA School Counsel or July/August.

de Shazer, S. (1994) *Words Were Originally Magic*. New York: W.W. Norton.

Hillel, V. and Smith, E. (2001) *Empowering students to empower others*. In Ajmal, Y. and Rees, I. (Eds) (2001) Solution in Schools: Creative Applications of Solution Focused Brief Thinking with Young People and Adults. London: BT Press.

Kelly, M., Kim, J. and Franklin, C. (2008) *Solution Focused Brief*

Therapy in Schools: A 360-degree View of Research & Practice. Oxford: Oxford University Press.

Korman, H. (2004) *The Common Project* (available at www.sikt.nu).

Lee, M.Y., Sebold, J. and Uken, A. (2003) *Solution-Focused Treatment of Domestic Violence Offenders: Accountability for Change*. Oxford: Oxford University Press.

Mahlberg, K. and Sjoblom, M. (2004) Solution focused education. http://www.fkc.se.

Metcalf, L. (2008) *Counselling Towards Solutions: A Practical, Solution-Focused Program for Working with Students, Teachers and Parents*, 2nd ed. San Francisco: Jossey-Bass.

Ratner, H., George, E. and Iveson, C. (2012) *Solution Focused Brief Therapy: 100 Key points and Techniques*. London: Routledge.

Rhodes, J. and Ajmal, Y. (1995) *Solution Focused Thinking in Schools*. London: BT Press.

Shilts, L. (2013) The WOWW Programme. In De Jong, P. and Berg, I.K. (Eds) Interviewing for Solutions, 4th ed. Pacific Grove, CA: Brooks/Cole.

Young, S. (2009) *Solution-Focused Schools: Anti-Bullying and Beyond*. London: BT Press.

Berg, I.K. and Miller, S.D. (1992) *Working With the Problem Drinker: A Solution Focused Approach*. New York: W.W. Norton.

Berg, I.K. and Reuss, N. (1997) *Solutions Step by Step: A Substance Abuse Treament Manual*. New York: Norton and Wylie.

Durrant, M. (1993) *A Cooperative, Competency Based Approach to Therapy and Program Design*. NewYork: W.W. Norton.

Iles, V. (2013) Mindful Coaching: Focusing on the 'Simple Hard' Instead of the 'Complicated Easy'. Presentation for Association For Coaches, 30 October, London.

Buzan, T. (2005) *The Ultimate Book of Mind Maps*. London: HarperCollins/Thorsons.

Furman, B. (2004) *KID's Skills, Playful and Practical Solution-Finding With Children*. Australia: St Lukes' Innovative Resources.

Selekman, M.D. (1997) *Solution-Focused Therapy With Children*. New York: W.W. Norton.

White, M. and Epston, D. (1990) *Narrative Means to Therapeutic Ends*. New York: W. W. Norton

图书在版编目（CIP）数据

学会与孩子对话：基于焦点解决模式的正面管教 / （英）哈维·拉特纳，（英）丹尼斯·尤素夫著；吴洪健译. — 北京：北京联合出版公司，2020.9
ISBN 978-7-5596-4303-2

Ⅰ. ①学… Ⅱ. ①哈… ②丹… ③吴… Ⅲ. ①家庭教育 Ⅳ. ①G78

中国版本图书馆 CIP 数据核字（2020）第 103518 号

All Rights Reserved
Authorised translation from the English language edition published by Routledge, a member of the Taylor & Francis Group

Copyright © 2015 Harvey Ratner and Denise Yusu

Beijing United Publishing Co., Ltd. is authorized to publish and distribute exclusively the Chinese (Simplified Characters) language edition. This edition is authorized for sale throughout Mainland of China. No part of the publication may be reproduced or distributed by any means, or stored in a database or retrieval system, without the prior written permission of the publisher.
本书中文简体翻译版授权由北京联合出版公司独家出版并仅限在中国大陆地区销售。未经出版者书面许可，不得以任何方式复制或发行本书的任何部分。

Copies of this book sold without a Taylor & Francis sticker on the cover are unauthorized and illegal. 本书封面贴有 Taylor & Francis 公司防伪标签，无标签者不得销售。

学会与孩子对话：基于焦点解决模式的正面管教

作　　者：[英]哈维·拉特纳、丹尼斯·尤素夫
译　　者：吴洪健
出 品 人：赵红仕
责任编辑：徐　樟
书籍设计：网智时代

北京联合出版公司出版
（北京市西城区德外大街 83 号楼 9 层　100088）
北京联合天畅文化传播公司发行
北京美图印务有限公司印刷　新华书店经销
字数 120 千字　787 毫米 × 1092 毫米　1/16　14.7 印张
2020 年 9 月第 1 版　2020 年 9 月第 1 次印刷
ISBN 978-7-5596-4303-2
定价：38.00 元

版权所有，侵权必究
未经许可，不得以任何方式复制或抄袭本书部分或全部内容
本书若有质量问题，请与本公司图书销售中心联系调换。电话：(010) 64258472-800